무지개 속 적색
성소수자 해방과 사회변혁

국립중앙도서관 출판예정도서목록(CIP)

무지개 속 적색 : 성소수자 해방과 사회변혁 / 지은이: 해나
디 ; 옮긴이: 이나라. -- 서울 : 책갈피, 2014
p. ; cm

원표제: Red in the rainbow : sexuality, socialism and LG
BT liberation
원저자명: Hannah Dee
영어 원작을 한국어로 번역
ISBN 978-89-7966-105-7 03330 : ₩12000

동성애자[同性愛者]
양성애자[兩性愛子]
성전환자[性轉換者]

334.22-KDC5
306.7-DDC21   CIP2014020580

무지개 속 적색
성소수자 해방과 사회변혁

해나 디 지음 | 이나라 옮김

책갈피

The Red in the Rainbow: Sexuality, Socialism and LGBT Liberation - Hannah
Dee
First published in July 2010 by Bookmarks Publications
© Bookmarks Publications

Korean translation edition © 2014 by Chaekgalpi Publishing Co.
Bookmarks와 협약에 따라 이 책의 한국어 판권은 책갈피 출판사에 있습니다.

무지개 속 적색: 성소수자 해방과 사회변혁

지은이 | | 해나 디
옮긴이 | | 이나라
펴낸곳 | 도서출판 책갈피

등록 | 1992년 2월 14일(제2014-000019호)
주소 | 서울 성동구 무학봉15길 12 2층
전화 | 02) 2265-6354
팩스 | 02) 2265-6395
이메일 | bookmarx@naver.com
홈페이지 | http://chaekgalpi.com

첫 번째 찍은 날 2014년 7월 16일

값 12,000원

ISBN 978-89-7966-105-7
잘못된 책은 바꿔 드립니다.

■ 차례

일러두기

1. 이 책은 Hannah Dee, *The Red in the Rainbow: Sexuality, Socialism and LGBT Liberation* (Bookmarks, 2010)을 번역한 것이다.

2. 인명과 지명 등의 외래어는 최대한 외래어 표기법에 맞춰 표기했다.

3. 《 》부호는 책과 잡지를 나타내고 〈 〉부호는 신문, 주간지, 영화, TV 프로그램을 나타낸다. 논문은 " "로 나타냈다.

4. 본문에서 [ ]는 옮긴이가 독자의 이해를 돕거나 문맥을 매끄럽게 하려고 덧붙인 것이고, 지은이가 인용문에서 덧붙인 것은 [— 지은이]라고 표기했다.

5. 본문의 각주는 옮긴이가 넣은 것이다.

6. 원문에서 이탤릭체로 강조한 부분은 고딕체로 나타냈다.

■ 감사의 말

디자인과 출판에 도움을 준 샐리 캠벨, 마크 하비, 메리 필립스, 벤 윈저에게 감사드린다. 시간을 내 조언과 논평을 해 준 노엘 핼리팩스, 찰리 킴버, 로라 마일스, 마크 토머스, 주디스 오어, 그리고 내가 책을 쓰는 동안 직장까지 다니면서 사회주의노동자당SWP 학생국 일상 활동을 운영해 준 스티브 헨셜과 데이브 슈얼에게도 감사를 전한다.

열정적으로 지지하고 사려 깊게 토론하며 세부 작업을 함께 해 준 키스 매케너, 이 책을 낼 생각을 하게 해 주고 책의 여러 측면을 세세하게 토론해 준 비브 스미스, 면밀하고 유용한 조언을 해 준 콜린 윌슨에게 특별히 감사드린다. 마지막으로 끊임없이 격려해 준 부모님 밥과 맬, 그리고 책 읽기에만 몰두한 몇 달을 참고 지지해 준 지난에게 고마움을 전한다.

■ 머리말

현대 동성애자 운동은 1969년 6월 뉴욕의 동성애자 술집 스톤
월인을 경찰이 단속한 뒤 일어난 사흘간의 폭동에서 태어났다.

당시 동성애는 질병이나 범죄로 취급됐고 스톤월 항쟁을 일으
킨 사람들은 으레 변태나 정신병자라고 욕을 먹던 이들이었다.
그러나 그들은 미국에서 급속히 번지던 대중적 반전운동과 공민
권운동, 블랙 파워 운동에서 영감을 얻었다. 그들은 "게이 파워"
를 외치면서 "완전한 성 해방"을 실현하기 위한 혁명을 주장했고
성소수자(레즈비언, 게이, 양성애자, 트랜스젠더)의 삶을 영원히
바꿔 놓을 대중운동을 시작했다.

그 뒤 성소수자 해방운동은 먼 길을 왔다. 지난 20년 사이 동
성애자 권리를 인정하는 개혁 입법이 계속됐다. 대중의 태도도
달라졌다. 최근 여론조사를 보면 영국인의 90퍼센트가 동성애

자 권리를 지지하는데, 20년 전만 해도 영국인의 70퍼센트가 동성애를 "항상 또는 대체로 부적절하다"고 생각했다. 오늘날 성소수자는 더 눈에 띄고 자신감 있는 사회 구성원이다. 1960년대에는 공공장소에서 손을 잡는 것과 같이 가벼운 행동도 엄두를 내기가 어려웠다.

그러나 이런 엄청난 변화에도 영국은 여전히 성소수자에게 위험한 곳일 수 있다. 2005년 젊은 남성 동성애자 조디 도브로프스키가 폭행당해 사망했는데, 얼마나 심하게 맞았는지 가족도 그를 알아볼 수 없었다. 이 외에도 잔혹한 살인 사건이 잇달아일어났고 지난해 주요 도시들에서 동성애 혐오 폭력 신고 건수가 충격적으로 증가했다.

혐오 범죄만 문제가 아니다. 1970년대에 동성애자 운동은 사회의 주요 제도(학교, 교회, 언론, 고용, 정신의학, 정신보건) 전반에 걸친 제도적 억압의 틀에 도전했다. 오늘날에도 그런 체계적 차별은 여전히 존재한다. 동성애 혐오 폭력 신고 건수의 고작 1퍼센트만 유죄판결을 받는 상황을 달리 어떻게 설명할 수 있겠는가? 또 괴롭힘 때문에 성소수자 청소년의 자살 시도율이 또래의 6배나 되는데도 대다수 학교가 괴롭힘 예방책을 마련하지 않는 것은 어떻게 설명할 것인가?

2010년 보수당(1988년 지방자치법을 개정해 죽음이나 질병[예컨대 에이즈]과 연관시키지 않는 한 학교에서 동성애를 논하지 못하게 하는 28조를 만든 당)의 재집권도 시곗바늘을 거꾸로 돌릴 수 있다는 두려움과 분노를 자아냈다. 보수당 정치인들이 숙박업자가 동성애자 손님을 거부할 '권리'를 지지하고 동성 성관계의 '위험'을 군 입대에 비유하거나* 동성애자들은 '정상'이 아니라는 등 망언을 일삼으며 잇달아 혐오를 드러내자 그런 두려움은 더욱 커졌다.

그러면 이것이 최선일까? 우리가 누리는 것을 지키기 위해서 무엇을 할 수 있을까? 스톤월 항쟁에서 요구한 것과 같은 변화("우애, 협력, 인간애와 자유로운 성에 바탕을 둔 새로운 … 형태와 관계")를 위해 투쟁하는 것이 여전히 가능할까?

사회주의자들은 이런 질문에 유의미한 답변을 내놓을 수 있다.

주류 성소수자 정치는 오랫동안 평등을 주장하며 개혁 입법을 성취하는 일에만 매몰됐다. 물론 이런 활동은 중요하다. 아무도 남성 간의 성행위가 범죄였던 1960년대나 정치인들과 언론이 에이즈를 "게이 돌림병"이라 부르며 성소수자 박해에 불을 지피던 1980년대로 돌아가길 원치 않는다. 그러나 삶의 모든 지점에서 억압이 계속되는 현실은 개혁 입법이 차별을 막아 주는 보증수표가 전혀 아님을 보여 준다.

---

* 하원의원 줄리언 루이스가 "동성 성관계는 군 입대 못지않게 건강상 위험합니다. 성년이 돼야 입대할 수 있듯이 동성 성관계도 성년이 되기 전에는 허용해선 안 됩니다" 하고 말한 것을 일컫는다.

한때 스톤월 항쟁을 기념하는 전투적 시위였던 런던 자긍심 행진도* 동성애자 공간과 성 정체성의 상업화 탓에 여전한 불의에 도전하는 것과는 아무 상관 없는 기업 후원 이벤트가 돼 버렸다. 2007년에는 경찰과 해군(영국과 전 세계에서 성소수자와 수많은 민중을 억압하는 지배 기구의 일부)이 런던 자긍심 행진의 선두에 섰다.

문제는 여기에 있다. 여러 성과를 거뒀음에도 성소수자가 계속 억압받는 것은 성소수자 억압이 자본주의 사회조직 전반에 뿌리를 내리고 있기 때문이다. 착취와 경쟁으로 움직이는 체제에서는 권력자들이 우리 삶의 모든 측면(심지어 개인적 관계마저)을 이윤 추구라는 우선순위에 종속시키려 한다. 그래서 만들어진 것이 지금의 가족제도다. 가족은 개인 관계를 규제하는 데 아주 중요한 구실을 하며 지배계급이 스스로를 재생산하고 노동력을 싼값에 재생산하기 위한 핵심 메커니즘이다. 정치인, 대기업, 언론은 가족 가치를 찬양하면서 육아부터 환자와 노인을 돌보는 일까지 막대한 부담을 평범한 사람들에게 떠넘긴다. 그런데 성소수자는 전통적 가족의 바탕이 되는 관계와 역할을 훼손하고 혼란에 빠뜨려 문제라는 것이다. 우리가 자유롭게 섹슈얼리티나 성별 정체성을 표현할 수 있게 되면 가족의 근간 전체에 의

---

* 한국의 자긍심 행진은 퀴어문화축제라고 불린다.

문이 제기될 것이고 체제 유지에 이용되는 편견과 분열이 약화될 것이다.

따라서 영속적이고 참다운 해방을 이룩하려면, 우리는 세상을 바꾸는 더 넓은 투쟁과 함께해야 한다.

성소수자 투쟁의 경험이 이를 입증한다. 1960년대와 1970년대 동성애자 해방운동은 체제에 맞선 더 큰 반란의 일부였기에 그토록 많은 것을 쟁취할 수 있었다. 많은 나라에서 억압받고 착취당하는 사람들이 떨쳐 일어나 지배계급에 도전했다. 대중 파업으로 경제 전체가 멈춰 섰고 정부가 마비됐다. 다른 세계가 가능한 듯했다. 결국 다른 세계는 탄생하지 못했지만 거대한 저항 때문에 권력자들은 개혁을 내줄 수밖에 없었다. 성소수자를 포함한 억압받는 집단들은 영속적 성과를 쟁취했다.

성소수자 투쟁과 더 넓은 사회적 반란을 연결하려는 이런 노력은 마치 무지개 속 적색처럼 성 해방 투쟁의 역사에서 면면히 이어져 왔다. 사회주의자와 노동계급 운동은 그 역사의 중심에 있었다.

19세기 말 각국 정부가 남성 동성애자를 형사처벌하는 법률을 처음 도입했을 때 이에 맞서 싸운 것은 다름 아닌 노동계급 단체나 사회주의 단체와 관련된 개인과 운동이었다. 영국 동성애자 권리 운동의 선구자인 에드워드 카펜터는 '오스카 와일드류類'의 남성들에 대한 엄청난 도덕적 공황이 몰아치던 시대에 사회주의 사회가 되면 "사랑의 성년기"가 도래할 것이라고 주장하며 일생을 노동계급 운동에 바쳤다. 독일에서는 세계 최대 노동계급 정당인 사회민주당이 반反동성애법에 맞선 운동에서 핵심 구실을 했다. 사회민주당은 독일 의회에서 유일하게 반동성애법에 반대했다. 러시아에서는 혁명으로 탄생한 신생 노동자 민주주의 정부가 반동성애법을 철폐했고 민중의 삶과 성적 관계를 해방시키려고 수많은 개혁을 도입했다. 동의연령을* 폐지하고, [한쪽의] 요청에 따른 이혼 방식을 도입하고, 낙태를 합법화하고, "국가와 사회가 성적 관계에 전혀 개입하지 않는다"는 원칙을 선언했다.

이런 급진적 역사가 거의 알려져 있지 않은 이유는 이 초기 운동들이 대부분 패배했기 때문이다. 러시아에서 만인의 해방을 위해 새로운 사회를 건설하려던 희망은 스탈린의 부상으로 꺾여 버렸다. 독일의 활기찬 동성애자 운동과 하위문화는 히틀러와 나치가 등장하면서 무참히 짓밟혔다. 동성애자, 유대인, 노동조합원, 사회주의자 수백만 명이 살해당했고, 그와 함께 노동자들의 저항과 "억압받는 사람들의 축제"인 혁명의 기억도 말살됐다.

그러나 성소수자에 대한 공격에 맞서고 오늘날 우리가 누리는 성과를 쟁취하는 과정에서 투쟁의 전통이 매우 중요하다는 것이 거듭 입증됐다. 1980년대 대처와 보수당이 성소수자 권리를 후

---

* 합법적으로 성관계를 맺거나 결혼할 수 있는 나이.

퇴시키려 했을 때, 노동조합운동의 광범한 지지(1985년 동성애자 자긍심 행진의 선두에 선 광원들부터 지방자치법 28조에 반대해 행진한 교사들까지)가 그들을 저지하는 데 결정적으로 중요했다. 뒤이은 10년 동안 남아프리카공화국에서는 대중운동으로 인종차별적 아파르트헤이트 정권이 무너졌고 남아공은 헌법에 성소수자 권리를 보장한 최초의 국가가 됐다.

두려움에 떨거나, 법적 박해를 받거나, 상업적으로 이용당하지 않고, 원하는 사람을 사랑하고 자신을 마음껏 표현할 수 있는 성 해방을 위해 이런 급진적 투쟁을 재개해야 할 때다. 무지개 속 적색을 다시 발견할 때다.

■ 언어에 대한 설명

성 해방 투쟁에는 우리를 차별할 뿐 아니라 모욕하고 폄훼하는 사회에 저항해 섹슈얼리티와 성별 정체성을 자랑스럽게 선언하는 언어를 만들어 내려는 억압받는 사람들의 투쟁이 늘 있었다. 예를 들어, 1960년대에는 "게이는 좋다"와 "게이여서 자랑스럽다" 같은 구호가 우리를 "별종"이라거나 "변태"라고 비난하는 사회에 맞선 투쟁에서 중요한 요소였다. 이 책은 그런 투쟁의 역사를 다룬 것이므로 특정 역사적 시점에 억압자들과 그에 맞서 싸운 사람들이 가장 흔히 쓴 언어를 반영해 그때그때마다 용어를 달리할 것이다(호모섹슈얼부터 게이와 레즈비언, LGBT까지). 오늘날의 사회와 투쟁을 살펴볼 때는 성별 정체성이나 섹슈얼리티를 이유로 억압받는 사람 모두를 집단적으로 지칭하는 데 LGBT라는 용어를 쓸 것이다. 1990년대 초부터 억압에 저항하는 데 참여한 사람들이 가장 흔히 사용한 정치적 용어이기 때문이다. 어떤 사람들은 이 용어도 억압받는 사람들 일부를 배제한다고 주장하며 퀴어queer나 LGBTQ라는 용어를 선호한다. 나 또한 섹슈얼리티와 젠더 억압에 맞선 공통의 대의에 가능한 한 광범한 사람들을 함께 묶을 수 있는 투쟁을 건설하고 싶은 바람은 같지만, 대다수 사람들이 여전히 잔인한 욕설로 여기는 퀴어라는 단어를 사용하면 광범한 투쟁을 건설하기 어려울 수도 있다고 생각한다. 우리가 섹슈얼리티나 성별 정체성에 상관없이 모든 사람을 포용하는 미래 세계를 위해 단결해 투쟁하면서, 운동 속에서 이 문제에 대해 계속 토론할 수 있기를 바란다. 퀴어 정치와 언어에 대한 더 자세한 논의는 177~185쪽을 보라.

지은이

■ 번역어 선택에 대해

LGBT: 한국에서는 섹슈얼리티나 성별 정체성을 이유로 억압받는 사람들을 통칭해 성소수자로 부르는 것이 운동 안에서 통용되기 때문에 LGBT는 불가피한 경우가 아니면 성소수자로 번역했다. 물론 성소수자라는 표현이 더 포괄적이고 열린 개념이지만 실제로 동성애자, 양성애자, 트렌스젠더를 통칭하는 의미로 많이 쓰이기 때문에 지은이가 LGBT라는 용어를 선택한 취지에서 크게 벗어나지 않는다고 판단했다.

섹슈얼리티: 섹슈얼리티는 인간의 성에 관한 인식부터 실천까지를 아우르는 넓은 의미로 사용된다. 좁게는 성적 경험과 지향과 관련해 성 정체성을 의미하는 말로도 많이 쓰인다. 이 책에서는 가독성을 고려해 넓은 의미로 섹슈얼리티가 사용된 경우 최대한 성으로 번역했지만, 여타 섹슈얼리티 범주에 포함되거나 겹

치는 용어와 나란히 사용될 때, 의미의 혼란을 가져올 수 있을 때는 섹슈얼리티라고 표기했다.

젠더: 젠더는 그 자체로도 흔히 쓰이는 말이지만 성별로 번역하는 경우도 많다. 오늘날 한국 성소수자 운동에서 '성별 정체성'이라는 표현은 자리 잡았기 때문에 젠더 아이덴티티는 성별 정체성으로 일괄 번역했다. 그 밖에도 젠더라는 용어는 문맥을 고려해 그대로 쓰거나 가능한 경우는 성별로 번역했다.

"언어에 대한 설명"에 나오듯이 지은이는 역사적 시점에 따라 용어 선택을 엄격히 달리했으나 내용을 이해하는 데 무리가 가지 않는 선에서 호모섹슈얼, 게이와 레즈비언 등의 용어는 동성애나 동성애자로 고친 경우도 있다.

옮긴이

chapter 1

'아름다운 사랑'의 역사

　섹슈얼리티나 성별 정체성에 상관없이 모두 자유로운 세상을 쟁취하려고 투쟁하는 사람이라면 누구나 맞닥뜨리는 가장 큰 의문 하나는 성소수자 억압이 어디서 비롯하느냐는 것이다. 왜 사람들은 욕망하거나 사랑하는 대상 때문에 또는 자신의 젠더 선택 때문에 박해받고 차별받을까? 게이, 이성애자, 레즈비언, 양성애자, 트랜스젠더 같은 범주는 어디서 생겨났을까? 자유롭게 느끼고 모색하고 표현할 수 있는 것이 아니라 마치 구분돼야 하는 사실인 양 우리의 가장 내밀한 욕망과 감정에 이름표를 붙여야 하는 이유는 무엇일까?

　물론 성 억압이 존재하는 세계에서 커밍아웃을 하고 레즈비언, 게이, 양성애자, 트랜스젠더라고 자랑스럽게 선언하는 사람들이 늘어나는 것은 중요한 일이다. 이것은 조그만 저항이지만, 편견에 도전하고 차별에 맞서고 존중을 요구하는 쪽으로 나아가는 계기가 될 수 있다. 그러나 커밍아웃한다고 해서 억압(아마도 우리가 살아가는 내내 마주칠)이 사라지지는 않기 때문에 많은 사람들이 가족의 외면부터 물리적 공격까지 여러 결과를 두려워하면서 벽장 속에 남기로 선택하는 것이다. 어쩌다 이렇게 된 걸까?

편견에 사로잡힌 사람들의 대답은 간단하다. 성소수자는 만물의 자연스러운 질서를 거스르려 한다는 것이다. 그들은 다음과 같은 식으로 주장한다. 이성애는 정상이다. 아이를 낳을 수 있으니까. 고로 동성애는 비정상이다. 그러나 대다수 이성애자들이 이런저런 피임법을 사용해 즐거운 성생활을 누릴 뿐 아니라 인간의 성은 너무나 다양하고 복잡해서 두 가지로 나눌 수 없다.

영국에서는 인구의 약 6퍼센트가[1] 스스로를 레즈비언이나 게이, 양성애자로 정의한다는데, 많은 여론조사에서 그것의 2배쯤 되는 사람들이 동성에게 욕망을 품거나 동성과 성관계를 맺은 적 있다는 것이 밝혀졌다.[2] 뉴질랜드에서는 비슷한 조사에서 20퍼센트의 사람들이 모종의 '동성애' 감정을 느꼈다고 답했지만 스스로를 레즈비언이나 게이, 양성애자로 정의한 비율은 2~3퍼센트에 불과했다.[3] 동성 사이에 성행위를 하거나 욕망을 품는 일이 자신을 이성애자로 정의하는 사람을 포함해 많은 사람에게 흔하다는 것은 유명한 1948년과 1953년의 "킨제이 보고서"(미국

성性연구소 설립자인 앨프리드 킨제이가 진행한 최초의 대규모 성 연구 조사) 이후 수많은 연구로 확인됐다. 킨제이 보고서를 보면 조사에 참가한 남성의 50퍼센트와 여성의 28퍼센트가 동성에게 성욕을 느낀 적 있고 남성 37퍼센트와 여성 13퍼센트가 동성애 관계를 경험했다.[4] 킨제이는 "그런 행위는 아무런 사회적 제약이 없다면 인간 역사에서 훨씬 더 높은 비율로 나타날 것"이라고 결론 내렸다.[5]

오직 인간의 정신만이 범주를 발명해 사실을 칸칸이 나뉜 상자 속에 끼워 맞춘다. 살아 있는 세계는 모든 측면에서 하나의 연속체다. 인간의 성 행동과 관련해 이 점을 인정해야 비로소 성의 현실을 온전하게 이해할 수 있을 것이다.[6]

킨제이의 연구는 성 행동을 다뤘다. 그러나 우리는 사람들의 욕망과 사람들이 자신을 어떻게 생각하고 타인을 어떻게 생각하는지도 고려해야 한다. 사람들의 삶에서 이런 상이한 측면 사이의 관계는 복잡할 수 있고 사람들이 살아가는 더 넓은 사회 환경에 의해 형성된다. 콜린 윌슨은 다음과 같이 주장했다.

동성애자나 이성애자라는 것은 단지 남성이나 여성, 또는 둘 다와 성관계를 맺는 문제가 아니라 한 사람의 삶의 총체적 상황에 관한 것이다. 예를 들어, 코티징(공중화장실에서 성관계 상대를 찾는 것)을 하는 남성의 많은 수가 기혼이다. 그 남성들은 게이인가? 그 사람이 아내와 아이들과 함께 산다면 어떻게 되는가? 모두 그 사람을 이성애자라고 생각한다면? 그가 자신을 이성애자라고 생각한다면? 어떤 여성이 남편을 떠나 다른 여성과 산다면 어떤가? 그 여성은 과연 줄곧 레즈비언이었을까? 전에는 한 번도 여성에게 끌리지 않았는데도? 사람들이 단순히 동성애자와 이성애자로 나뉜다는 생각은 너무 지나친 단순화다.[7]

그렇다고 완전히 이성애자인 사람 또는 완전히 게이나 레즈비언인 사람은 아무도 없다거나 모든 사람이 양성애자라는 얘기는 아니다(예컨대 킨제이는 인간의 성 행동과 역사를 설명하려고 0부터 6까지의 척도를 제시했는데, 0이 완전한 이성애자고 6이 완전한 동성애자다). 그러나 분명히 동성애자와 이성애자라는 단순한 범주로는 많은 사람들의 삶의 복잡성을 정확히 설명할 수 없고 성소수자 억압과 박해 때문에 섹슈얼리티를 표현할 모든 이들의 자유가 제약받는다고 말할 수 있다.

온갖 협소한 편견, 관습, 금기가 인간관계를 옥죄지 않는 사회에서 인간의 성이 어떤 모습일지는 알 수 없다. 그러나 과거에 어땠는지는 살펴볼 수 있다.

동성 간 사랑·욕망·관계와 젠더 다양성은 인류 자체만큼이나 오래됐다. 인류 역사 내내 전 세계 곳곳의 아주 다양한 사회와 문화 속에 존재해 왔다. 그러나 우리가 오늘날 그런 것들을 지칭하는 용어나 생각하는 방식은 고작 100년 남짓 된 것이다. '호모섹슈얼(동성애자)'이라는 용어는 1869년에 처음 만들어졌고 레즈비언, 바이섹슈얼(양성애자), 트랜스젠더, 헤테로섹슈얼(이성애자)이란 용어는 그 뒤에 나왔다. 그 전에는 사람들이 자신을 어떤 구분되는 범주에 속한다고 생각하지 않았고 그런 말로 이름 붙이지 않고도 동성 간에 성관계나 친밀한 관계를 즐겼다.

성소수자가 체계적으로 억압받았다는 증거도 찾기 힘들다. 꽤 근래에 들어서야 체계적 억압이 나타난다. 몇몇 사회에서는 특정 형태의 성행위를 금지하고 처벌했지만, 금지한 것은 행위였지 특정 범주의 사람들이 아니었다. "그런 행위를 하다 잡힌" 사람들이 겪은 고통과 공포를 무시하려는 것은 아니지만 당시 다양한 형태의 성행위에 대한 처벌은 오늘날 사회가 게이나 레즈비언, 양성애자처럼 별도의 인간형으로 구별해 일관되고 체계적으로 박해하는 것과는 사뭇 달랐다.

엄청나게 폭넓은 다양한 인간 사회에서 동성 성관계가 용인되고 일상생활의 일부였으며 때로 숭배와 찬양의 대상이기도 했다는 사례를 많이 찾아볼 수 있다. 초기 인간 사회, 예컨대 아메리카 원주민 사이에서는 다른 젠더로 전환하는 게 흔한 일이었다. 이성異性이 하는 일을 선호한 남성이나 여성은 그 젠더에 들어갈 수 있었다. 그런 다음에 자신의 후천적 젠더에 걸맞은 경제·사회적 의무를 수행했는데 여기에는 동성과의 성관계와 결혼도 포함됐다. 유럽 식민주의자들은 북아메리카에서 "여성처럼 차려입고 여성의 일을 하는 … 남성이 또 다른 남성과 결혼하는 것"을 목격했고[8] 그런 사람들이 공동체 안에서 존중받는다고 언급했다. 오늘날 '두 영혼'의 사람들로 불리는 것과 비슷한 관습이 라틴아메리카의 식민화 이전 문명인 아스테카·마야·케추아·모체·사포테카·투피남바 문명에 존재했다. 이런 관습은 케냐와 우간다의 이테소족과 에티오피아의 콘소족, 서아프리카의 아샨티족 등 다양한 아프리카 사회에서도 발견됐다.[9]

고대 그리스와 로마에서 남성들 사이의 사랑을 찬양했음을 보여 주는 문학과 문화 유물도 풍부하다. 철학자 플라톤은 철학서 《향연》에서 남성 간의 사랑을 남녀 간의 "평범한 사랑"과 대비해 "아름다운 사랑"이고 "천상의 사랑"이라고 불렀다. 고대 로마의 이름 모를 시인은 다음과 같이 썼다. "어떤 이는 남자를 좋아하고 다른 이는 여자가 좋다지만 나는 둘 다 좋다네."[10]

이슬람 예술·문학·민담·시에서도 비슷한 정서가 드러나 식민화 전 중동과 북아프리카의 넓은 지역에서 동성 간 욕망이 일상에서 흔했음을 알 수 있다. 8~15세기에 이 지역의 여러 이야기를 엮은 《천일야화》에는 동성 간의 욕망을 언급한 구절이 많다. 19세기 유럽인들은 자신들이 정복한 나라들에서 이런 관습을 접하자 재빨리 비난하며 법으로 금지했다. 동시에 많은 유럽인 개인들은 자기 나라의 더 억압적인 환경에서 벗어날 수 있어 무척 행복해했다. 프랑스 소설가 귀스타브 플로베르는 이집트를 여행하면서 다음과 같이 썼다. "이곳 사람들은 그것에 아주 관대하다. 사람들은 자신의 남색男色을 인정하고 식사 자리에서 그에 대해 얘기를 나눈다."

성적 관습·관계·태도가 이처럼 상이했다는 역사적·문화적 증거가 중요한 이유는 성소수자 억압이 인간 사회의 불가피하거나 영원한 특징이 아님을 보여 주기 때문이다.

이런 증거는 성소수자 억압의 기원에 대한 상식에 도전하는 데도 도움이 된다. 예를 들어, 성소수자 억압이 인간 본성이나 타고난 편견의 산물이라는 주장은 과거에 광범한 인간 사회에서 동성 관계나 젠더 다양성을 포용했다는 사실을 설명할 수 없다. 마찬가지로 종교가 원인이라는 생각은 수세기 동안 중동의 저명한 이슬람 학자·시인·작가의 작품에서 남성 사이의 사랑을 널리 인정했으므로 설득력이 없다.[11] 남성과 여성의 관계를 대하는 기독교의 태도가 생각보다 복잡했다는 증거도 있다. 두 남성, 때로는 두 여성이 마치 남편과 아내처럼 함께 묻힌 중세 시대 종교 무덤들이 남아 있다. 또 당시의 기록을 보면 남성 사이의 친밀한 정서적 관계를 공인한 의식들이 나온다.[12]

인간의 성을 '동성애자 뇌'나 '동성애자 유전자'로 결정되는, 한다발의 고정된 생물학적 사실로 환원할 수 있다고 보는 견해 또한 동성 간이든 이성 간이든 다양한 관계가 널리 존재한다는 점을 설명하지 못한다.

그렇다고 위에 언급한 사회들에서 사람들이 완전한 성적 자유를 누렸다는 것은 아니다. 흔히 허용되는 행위에 대한 엄격한 규칙과 규정이 있었고 어떤 성행위는 심하게 박해받았다.

그리스와 로마는 노예제에 기반을 뒀고 여성을 극도로 억압했다. 우리가 당시 여성 사이의 성애 관계에 대해 별로 알지 못하는 이유다. 고대 그리스 도시 아테네에서는 10대 소년과 성인 남성의 성관계가 용인됐지만, 오로지 그 사회의 기본적 성 역할과 위계에 도전하지 않을 때만 허용됐다. 예를 들면 '능동적' 역할의 남성과 '수동적' 역할의 소년 사이에 나이 차가 적절히 나야 했고 역할이 조금이라도 뒤바뀌면 문란하다고 여겼다. 로마제국에서는 노예를 '자유민'의 소유물로 여겨 노예를 강간하는 것은 용인했지만 자유민이 수동적 역할로 노예와 성관계를 맺는 것은 허용하지 않았다. 한 법률가는 다음과 같이 썼다. "성적 봉사는 자유민으로 태어난 사람에게는 범죄지만, 노예에게는 당연한 일이고, 노예 신분에서 벗어난 자유민에게는 의무다."[13]

그렇다면 이토록 다양한 성적 관습과 성에 대한 태도를 어떻게 이해할 것인가? 무엇을 용납할지 말지 제멋대로인 것처럼 보이는 규칙을 만든 것은 무엇 때문이고 또 누가 만들었을까? 그리고 왜 역사의 어떤 시점에 특정한 성적 지향을 지닌 사람들을 나누는 새 범주가 생겨났고 성소수자가 체계적으로 억압받는 일이 일어났을까?

마르크스주의자들에게 섹슈얼리티, 젠더, 섹스에 대한 사람들의 태도가 형성되는 방식과 특정 사회에서 무엇이 '정상'인지 결정하는 방식을 이해하는 열쇠는 가족을 계급사회(자본주의 계급사회와 이전의 형태들 모두)에 뿌리를 둔 제도로 이해하는 것이다.

오늘날 동성애를 비난하는 사람들은 흔히 우리의 선택과 관계가 '전통적 가족', 즉 남성과 여성이 만나 정착해 살며 자녀를 낳는 가족을 위협한다는 근거를 댄다. 물론 [실제로는] 단지 성소수자뿐 아니라 많은 사람들이 그런 식으로 사는 것을 선택하지 않으며 일부 레즈비언과 게이는 가족을 꾸리기도 한다. 그러나 '전통적 가족'은 여전히 우리의 삶과 사회 이데올로기를 조직하는 매우 강력한 제도로 남아 있다. '전통적 가족'은 법률, 정치인, 언론과 다양한 제도를 통해 성소수자를 체계적으로 깎아내리고 주변화시키는 방식으로 끊임없이 권장되고 강화된다. 사랑에 빠진 두 수컷 펭귄이 알을 까 새끼 펭귄을 기른다는 내용의 그림책《탱고가 태어나 셋이 됐어요》를* 최근 교과서로 시험 사용하

---

* 국역:《사랑해 너무나 너무나》, 담푸스, 2012.

자 일부 사람들이 격분했는데, 어린아이들에게 동성 부부도 전통적 가족 관계와 대등하다고 암시한다는 이유였다.

여러 사회에서 가족은 성적 순응과 성 역할을 형성하고 부과하는 데 중요한 구실을 한다. 이런 일이 일어나는 이유와 방식을 이해하려면 가족이 계급사회가 발전하면서 생겨났고 계급 권력을 유지하는 데 중요한 구실을 한다는 점을 살펴봐야 한다.

엥겔스, 세상을 보는 방법을 변혁하다

이 주제에 관한 가장 중요한 저작 하나는 프리드리히 엥겔스가 쓴 《가족, 사유재산, 국가의 기원》이다. 이 책은 1880년대 빅토리아 시대 영국에서 쓰였다. 남성 동성애자를 처벌하는 법률이 최초로 도입된 것도 이때였다. 이런 반̌동성애 입법은 자국에서 권력을 강화하면서 세계의 다른 지역으로 세력을 확장하려는 영국 자본가계급의 광범한 노력의 일부였다. 국내에서는 여성이 원래 있어야 할 곳은 가정이며 가족을 벗어난 성 행동은 모두 잘못이라는 이데올로기를 퍼뜨리고 가족을 강화함으로써 권력을 다졌다. 다른 나라를 식민지로 만드는 일은 인종차별주의를 통해 뒷받침했다. 억압과 착취를 자연스러운 질서로 정당화하려고 사람들을 젠더, 인종, 섹슈얼리티, 심지어 재산이 많고 적음에 따라 서열화해 나눴다.

엥겔스는 이런 세계관 전체에 도전했다. 그는 아메리카 대륙부터 지중해까지 여러 사회를 다룬 인류학 연구를 이용해 체계적인 여성 억압과 핵가족, 심지어 국민국가조차 비교적 최근 현상임을 증명했다. 엥겔스는 빅토리아 시대의 신성화된 제도들을 비판했을 뿐 아니라, 그 제도들을 전복하려면 계급 지배를 끝장내고 여성과 섹슈얼리티를 해방할 "억압받는 사람들의 축제"인 혁명이 필요하다고 호소했다.

엥겔스의 연구는 성차별의 기원을 사회의 전반적 조직 구조에서 찾기 위한 틀을 제공한다는 점에서 여전히 귀중한 가치가 있다. 엥겔스는 다음과 같이 썼다.

유물론의 관점에 따르면, 역사에서 결정적 요인은 결국 직접적 삶의 생산과 재생산이다. … 하나는 의식주 같은 생존 수단과 생산도구의 생산이고, 다른 하나는 인간 자체의 생산, 즉 종의 번식이다. 특정 시대, 특정 지역 사람들의 사회제도는 이 두 종류의 생산에 의해 규정된다.[14]

그 뒤 많은 연구가 《가족, 사유재산, 국가의 기원》의 핵심 주장이 옳음을 입증했다. 그러나 세부적으로 보면 엥겔스의 글에는 당시 그가 참고한 연구 일부의 약점이 반영돼 있고 도무지

증명할 수 없는 추측도 포함돼 있다.

과거 사회에 대한 우리의 지식은 항상 불완전하기 마련이고 그 해석 또한 당대의 편견에 영향을 받는다. 예를 들어, 초기 인간 사회에 대해 우리가 접할 수 있는 중요한 자료 일부는 식민주의자들과 선교사들이 기술한 것인데 추정과 편협한 사고로 명백히 왜곡돼 있다. 또 여성 억압 때문에 남성 간 관계보다 여성 간 관계에 대한 정보가 더 적고 남성이든 여성이든 부유한 계급의 성생활이 가장 많이 알려졌다.

그렇지만 인류가 아주 다양한 방식으로 살았고 계급사회가 존재한 것은 현생인류가 지구에 산 10만 년 남짓한 기간 중에 7000~8000년 정도인 아주 짧은 기간뿐이었음을 보여 주는 증거는 풍부하다. 또 계급사회가 등장하기 전에는 경제적 관계가 더 평등했고 그 결과 남성과 여성의 관계가 훨씬 더 자유로웠으며 성에 대한 제약이 덜했다는 점도 분명하다.

'두 영혼'의 사람들이 살던 수렵·채집 사회를 예로 들면, 사람들은 유목 생활을 하면서 새로운 식량 공급원을 찾아 주기적으로 이리저리 이동했다. 사람들이 서로 의존했기 때문에(함께 배불리 먹거나 함께 굶주렸다) 공유·연대·평등·관용이 중요한 덕목이었다.

잉여 식량이나 부가 없었기 때문에 지배계급이나 권력이 등장할 만한 물질적 토대가 전혀 존재하지 않았다. 1600년대 선교사들은 자신들이 '문명화'하려 한 캐나다의 몽타네나스카피족에 대해 쓰면서 다음과 같이 불평했다.

제발 누군가가 저 야만인들의 일탈을 멈추고 그중 한 명에게 권위를 부여할 수 있다면, 이들이 머지않아 개종하고 문명화되는 것을 볼 수 있을 텐데 … 이들에게는 정치조직도 정부도 높은 사람도 없다. … 그저 먹고사는 데 만족하기 때문이다. 이들은 아무도 부를 얻기 위해 악마에게 영혼을 팔지 않는다.[15]

성별 분업은 있었는데, 대체로 여성은 채집을 하고 남성은 사냥을 했다. 주된 이유는 임신과 수유를 사냥 같은 활동과 병행하는 것이 쉽지 않았기 때문이다. 그러나 이런 역할들에 서열이 매겨지거나 가치판단이 들어가지는 않았다. 수렵은 가장 귀중한 식량을 제공한 반면 채집은 가장 믿을 만한 고정 식량원이었다. 그래서 몽타녜족은 여성의 "힘이 세다"고 했는데 "거의 모든 경우에 … 이동을 할지 겨울을 날지 하는 선택권"이 여성에게 있었다.

여성이 재생산에서 하는 구실은 부족 내에서 여성이 동등한 역할을 하는 데 아무런 문제가 되지 않았으며, 육아를 주로 여성의 책임으로 여기지도 않았다. 일례로 한 선교사가 몽타녜족 여성의 성적 독립성을 꾸짖으며 설교하자 부족 남성 한 명이 다음과 같이 응수했다고 한다.

나[선교사]는 그 남자에게 여자가 남편 말고 딴 사람을 사랑하는 것은 명예롭지 못한 일이고 그런 악행을 저지르니까 당신 자신도 아들이 자기 아이인지 확신하지 못하는 거라고 말했다. … 그 남자가 답했다. 당신은 뭘 모른다. 당신네 프랑스인들은 자기 자식만 사랑하지만 우리는 부족 아이들을 모두 사랑한다.[16]

이렇게 아이들을 집단 책임으로 여겼지 개인 책임이라거나 심지어 특정 여성이나 가족의 소유로도 여기지 않았다. 상호의존 관계로 묶였기 때문에 사람들을 개별 의무를 지닌 분리된 핵가족으로 나누는 것은 터무니없는 얘기였다. 그 결과 남성뿐 아니라 여성도 성적 관계가 가족 책임이나 도덕적 의무와 직결되지 않는 높은 수준의 성적 자율성을 누렸다. 선교사의 기록을 보자.

몽타녜족 젊은이들에게는 나쁜 아내나 남편을 참으며 결혼을 유지해야 한다는 생각이 전혀 없다. … 그들은 자유롭고 싶어 하고 서로 사랑하지 않으면 배우자와 이혼할 수 있기를 바란다. 변덕스러운 결혼과 잦은 이혼은 예수 그리스도를 믿는 데 커다란 걸림돌이다. 우리는 젊은이들에게는 세례를 줄 엄두도 못 내는데 경험상 젊은이들은 마음에 들지 않는 아내나 남편을 떠나는 관습이 강하기 때문이다.[17]

일부 수렵·채집 사회에서 두 영혼의 사람을 용인할 수 있었던 것은 이처럼 사람을 성별에 따라 체계적으로 분류하거나 성적 관계를 엄격한 도덕률로 구속하지 않았기 때문일 것이다. 만약 남성과 여성의 경제적 기여가 똑같이 중요하고 성적·사회적 행동이나 특성에 대한 성별 고정관념이 없다면, 성별을 바꾸는 것이 아무런 문제도 되지 않는 것이다.

그러나 식민지 개척자들은 두 영혼의 사람을 발견하고는 경악했다. 1500년대 스페인 식민지 개척자들은 텍사스 카랑카와 인디언 부족의 두 영혼의 사람들을 "가장 야만적이고 불쾌한 풍습"으로 묘사했다.[18] 식민 본국에서는 이들을 남성 매춘부, 미동美童, 남색자를 뜻하는 '버다치bardache'라고 불렀다.

그런데 무엇이 달라졌을까?

우리는 어떻게 성적으로 비교적 자유로웠던 수렵·채집 사회에서 엄격한 도덕률과 억압적 태도를 가진 식민지 개척자들에 이르게 된 것일까?

약 1만 년 전 농경 사회가 시작되면서 중대한 변화가 일어났다. 일부 집단이 작물 재배와 가축 사육을 수렵·채집과 병행하기 시작했다. 그 결과 하나는 어려울 때를 대비해 비축할 수 있는 잉여를 생산한 것이다.

잉여가 생기자 잉여를 지키고 관리하는 것이 주된 임무인 일단의 사람들이 등장했다. 직접 생산하는 사람들과 잉여 통제권을 가진 사람들이 나뉘기 시작했다. 계급 구조가 뚜렷해지면서 잉여를 통제하는 사람들은 그 구조를 유지하기 위한 수단을 발전시켰다. 결정적으로, 국가의 토대를 이루는 무장한 남성 집단이 등장하고 가족 등 사회제도가 변모했다.

이 과정은 순탄하거나 균일하지 않았으며 수천 년에 걸쳐 각기 다른 방식으로 일어났다. 수렵·채집 사회들이 문명사회로 발전한 구체적 경로 또한 매우 다양했다. 메소포타미아, 이집트, 이란, 인더스 강 유역, 중국에서는 최초의 문명이 내적 발전을 거쳐 등장했지만, 북유럽을 포함해 대다수 다른 지역에서는 군사 정복, 식민화, 교역이 변화를 강제했다.[19]

착취계급과 여성 억압이 생겨난 것은 인간의 탐욕이나 남성 우월주의 때문이 아니라 현실의 결핍 상태에 뿌리를 두고 있다. 자원을 생산하는 사람과 통제하는 사람의 점진적 분리는 처음에는 사회의 전체 자원을 지키고 나누고 증대하기 위한 방안이었다. 그러나 이 때문에 특권을 지닌 소수만이 사회의 자원에 접근할 수 있게 됐고 과거의 평등한 생활 방식이 약화됐다. 그리하여 사회의 대다수를 착취하고 부를 전용할 수 있는 뚜렷이 구별되는 계급과 새로운 권력 구조가 발전했다.

생산의 변화는 여성의 사회적 역할에 중대한 영향을 미쳤다. 농경지에서 일할 수 있는 더 많은 인구가 필요했다. 잦은 임신과 수유 때문에 여성은 새로운 생산기술에 필요한 힘든 노동(예컨대 쟁기질과 관개시설 공사)에 참여하기가 어려웠다. 여성은 한때 생산과 공적 생활에서 중심적 구실을 했지만 갈수록 재생산에 필요한 일만 맡게 됐다. 잉여를 생산하는 활동에서는 남성이 점점 더 중요해졌다.

이 때문에 남녀평등의 토대가 된 남성과 여성의 상호의존관계가 약화됐다. 계급이 분화하자 생산에서 남성이 맡는 경제적 역할 때문에 가정에서도 남성이 특권적 지위를 차지했다. 아이들을 집단적으로 보살피던 생활 방식도 변해야 했는데, 새로운 지배계급의 부에 대한 권리를 다수가 주장할 위험 때문이었다. 그 대신 엄격한 '여성 일부제'에 바탕을 둔 개별화한 가족이 필요했다. 여성은 아버지가 확실해 상속권이 보장되는 자녀를 낳아야 했다. 그러나 이것은 또한 여성과 여성의 성이 육체적·이데올로기적으로 엄격하게 통제돼야 함을 뜻했다.

선사시대 유물에는 … 여신 숭배를 나타내는 여성 조각품은 풍부한 반면 남근 조각상은 거의 없다. 계급사회가 발전하자 점차 남성신의 역할이 강조됐고 기원전 5세기부터 유라시아 대륙 대부분을 지배한 거대 종교들은 전능한 남성 유일신이 특징이었다. 남성 우월주의가 지배자와 피지배자 모두의 이데올로기가 됐다. 때로 여성 인물에게 부차적 역할이 허용되기도 했지만 말이다.[20]

엥겔스는 다음과 같이 주장했다.

모권의 전복은 여성의 세계사적 패배였다. 남성은 가정도 통솔하게 됐고 여성은 노예 신세로 전락했다. 여성은 남성의 정욕의 노예가 됐고 한낱 아이 낳는 도구로 전락했다. … 아내의 정조를 보증해 자녀가 아버지 혈통을 확실히 잇도록 하기 위해 아내는 무조건 남편의 권력 아래 놓이게 됐다. 남편이 아내를 살해하더라도 그것은 남편의 권리를 행사한 것에 불과하다.[21]

이렇듯 사회가 더 부유해지고 윤택해졌지만, 대다수 사람들은 그 대가로 자신의 생산물을 통제하지 못하게 됐다. 따라서 그 과정은 대다수 남성의 패배이기도 했다.

다양한 계급사회에서는 소유관계의 필요에 따라 가족과 허용되는 성 행동을 규정했다. 가족제도가 지배계급의 재산을 보호하기 위한 핵심 보루였던 고대 로마제국에서 이 과정을 꽤 적나라하게 볼 수 있다. 엥겔스는 다음과 같이 지적했다.

본디 가족, 즉 파밀리아familia라는 말은 오늘날 속물들이 이상향으로 생각하는 감상주의와 가정불화의 혼합물을 뜻하지 않았다. 로마인에게 이 말은 애초에 부부와 그 자녀를 가리키는 게 아니라 단지 그들의 노예만을 가리키는 것이었다. 파물루스famulus는 가내 노예를 뜻했고 파밀리아는 한 남성이 소유한 노예의 총수總數였다. 가이우스* 시대까지도 파밀리아는 유언으로 물려주는 상속재산이 었다. 로마인은 새로운 사회 유기체를 지칭하기 위해 이 말을 만들어 냈는데, 이 유기체의 우두머리는 아내와 자녀, 많은 노예를 지배했고 로마식 부권에 따라 그들 모두의 생사여탈권을 부여받았다.[22]

여성은 공식적으로 성적 자율성을 부정당한 반면, 지배계급 남성은 노예부터 해방된 자유민, 매춘부까지 수많은 쾌락 대상을 찾을 수 있었다. 고대 그리스와 로마가 동성 관계에 관대했던 것 역시 경제 기반이 노예노동의 획득이었기 때문이라는 주장도 있다. 노동인구의 재생산은 지배계급의 재산을 창출하는 데 중심이 아니었고 따라서 가족 바깥에서 이뤄지는 생식과 관계없는 성행위를 억제할 필요가 크지 않았다는 것이다. 동시에 가족을 유지하고 여성의 성을 제어하는 것은 재산을 보호하기 위해 필요했다. 한 그리스 웅변가가 말했듯이 "정부情婦는 쾌락을 위해 두고,

---

* 2세기 로마의 법학자. 《법학제요》를 써서 후세의 사법私法 발달에 큰 영향을 줬다.

첩은 매일 우리 몸을 돌보기 위해 둔다. 그렇지만 아내는 적자嫡子를 낳아 주고 집안을 믿음직하게 지켜 주기 때문에 필요하다."[23]

이렇듯 다양한 계급사회에서 성 행동과 성별 역할을 지배하는 규범의 기저를 이루는 것은 사유재산과 가족제도다. 동성 관계는 이런 제도들에 도전하지 않는 한 허용된다.

예를 들어, 중국의 문인 이어李漁가 쓴 17세기 희곡 《연향반憐香伴》(향기로운 벗을 사랑함)은 여성과 사랑에 빠진 유부녀의 실화였다. 사랑하는 여인과 헤어져야 한다는 사실에 절망한 여성은 남편에게 자신의 애인을 첩으로 들일 것을 간청한다. 남편은 동의하고 "행복한 결말로 끝난다."[24]

허용되는 행위의 범위는 언제나 사회의 물질적·사회적·정치적 조건에 따라 결정된다. 유럽의 봉건제는 노예가 아니라 농노에 의존했다. 농노는 토지를 어느 정도 보유할 수 있었고 자기 식량을 생산할 수 있었지만 전혀 자유롭지 않았다. 농노의 삶은 수많은 제약을 받았다. 예컨대 영지를 벗어나는 것이 허용되지 않았다. 결혼하고 자식을 낳을 수는 있지만 농노의 자식은 장차 영주를 위해 부역과 군역을 수행해야 했다. 이런 조건에서 사뭇 다른 성 규범이 발전했다. 고대 그리스와 로마 문명에서 아주 공공연하고 칭송받기까지 하던 남성 사이의 성적 관계는 가족 안에서 자녀를 낳을 도덕적 의무를 강조하는 관념 체계를 약화시킬 수 있었다. 이미 여러 로마 통치자들은 정복을 통해 새로운 노동력을 충당하는 게 어려워지자 무너져 가는 제국을 지탱하려고 결혼 제도를 강화하고 '천상의 사랑'을 처벌하는 새로운 법규들을 도입한 바 있었다.

이렇게 생식과 관계없는 성행위에 대한 박해가 강화된 상황은 주변부 신앙이었다가 5세기에 접어들 무렵 로마제국의 공식 종교가 된 기독교에 반영됐다. 기독교는 남녀가 결혼 속에서 자녀를 낳아야 한다고 강조함과 동시에 이른바 '자연에 반하는 죄'를 비난했다. 자위·수간·항문성교 등 생식과 관계없는 성행위가 역병과 기근 등 온갖 재앙을 가져온다는 것이었다. 기독교는 새로운 지배계급을 이데올로기적으로 결속하는 구실을 했다.

기독교는 로마의 신들은 로마를 구하지 못했지만 기독교의 신은 기독교 성직자를 후원하고 예배에 꾸준히 참석하고 기독교 성도덕 규범을 준수하는 사람을 구원할 것이라는 영적이고 신학적이며 불가사의한 설명으로 등장했다. 지배자뿐 아니라 대중도 몰인정한 세계의 인정이자 자신이 사는 세상을 이해하기 위한 방편으로 기독교에 의지했다.[25]

현대의 성소수자 억압이 기독교나 그 밖의 종교의 발흥에서 비롯했다고 보는 것은 잘못이다. 중세 시대 내내 기독교 지배층은 동성애자를 따로 구분해 공격하지도 않았고 간통 같은 '자연에 반하는 죄'보다 더한 특별한 위협으로 꼽지도 않았다. 이런 '소도미sodomy'* 행위는 현대적 의미의 성범죄로 여겨지지도 않았다. 다만 자연의 질서를 거스르는 것으로 간주해 종교적 이단이자 왕이나 영주에 대한 반역으로 여겼다.

분명한 것은 권력자들이 위기에 빠질 때마다 금지된 성행위와 이단·유대인·마녀 같은 속죄양에 대한 공격을 부추겼다는 것이다. 따라서 13세기부터 여러 시점에 '자연에 반하는 죄'에 대한 박해가 늘어난 것은 경제 발전 때문에 전통적 제도들이 불안정해진 상황과 관계있다고 볼 수 있다.

소도미(남성과 여성, 남성과 남성, 남성과 동물 사이에)를 저지른 사람을 사형에 처한 헨리 8세의 1533년 비역법Buggery Act은 사회를 통제하려고 벌인 더 광범한 투쟁의 일환으로 봐야 한다. 영국에서는 혼인법이 제정되고 소도미죄가 군법에 포함됐는데 항명죄나 반역죄와 같은 수준이었다. 소도미죄를 사형에 처하던 것은 1861년에 가서야 폐지됐고 남성 동성애자들은 1967년까지 다양한 비역법으로 유죄 선고를 받고 감옥에 갇혔다. 그러나 이 기간에 소도미죄 기소는 일관되지 않았고 18세기 말까지는 사형을 집행한 경우도 거의 없었다.

---

* 《창세기》의 소돔과 고모라에서 유래한 용어로 항문성교, 구강성교, 수간 등 생식과 무관한 성행위를 모두 일컫는 말로 쓰인다.

사실 봉건사회의 경제구조에서는 대다수 사람들이 진정한 성적 자율성을 전혀 누리지 못했다. 가족이 경제활동의 중심이었는데, 토지에서 힘든 육체노동을 하고 소규모 가내 생산을 하면서 생필품을 생산했다. 이런 구조를 벗어나서는 살아가기가 극히 어려웠다. 가난한 사람들은 흔히 집안에서 결혼 상대를 정해 줬고 부부 중 한쪽이 죽으면 남은 사람은 재혼해야 했다. 그래서 가족 관계와 성적 관계가 경제 관계와 긴밀히 결합돼 있었고 정서적 만족이나 성적 만족과는 별 관계가 없었다. 지방 영주와 교회의 권력은 이런 경제적 구속을 더욱 공고히 했다.

그러나 유럽 전역에서 성장하던 도시들에서는 시장 관계가 등장해 지주, 교회, 가족 등 옛 제도들의 힘을 약화시키고 있었다. 도시에서는 훨씬 다양한 성적 선택이 가능해 보였고 남성이 자유롭게 다른 남성과 성관계를 할 수 있는 하위문화가 등장했다.

자본주의가 발전하자 이런 변화는 더욱 빨라졌고 성이 격렬한 논쟁의 대상이 되는 길이 열렸다. 그러나 신흥 자본가계급은 새로운 형태의 성 통제와 억압을 도입했고 이 때문에 새로운 형태의 도전과 저항에 맞닥뜨리게 됐다.

오스카 와일드(왼쪽)와 그의 연인인 앨프리드 더글러스.

chapter 2

자본주의의 등장: 새로운 억압, 새로운 저항

자본주의 체제는 수세기 동안의 특권과 압제를 종식시키고 '자유, 평등, 박애'에 기초를 둔 새로운 권리(성의 자유를 포함한)를 성취하려는 일련의 거대한 투쟁을 거쳐 등장했다.

사실 자본주의의 등장은 부르주아지라는 새로운 지배계급에게 권력을 가져다주고 새로운 형태의 착취와 억압(성적 억압도)을 낳았다. 그러나 부르주아지가 실제로 권력을 완전히 거머쥐려면 옛 봉건 질서의 굴레를 깨뜨려야 했다. 기본적으로 이는 옛 사회의 태내에서 발전하기 시작한 경제적 힘과 관계를 자유롭게 하는 것을 뜻했다. 그러려면 봉건제를 지탱하는 제도와 편견에 도전해야 했다. 군주와 귀족의 신성한 통치권과 그에 따른 신분제, 미신, 전통에 대한 복종에 도전해야 했다. 그런 투쟁은 대중을 결집하지 않으면 성공할 수 없었다. 그래서 이런 반란과 혁명은 영국 혁명에서 '중간 계층'과 함께한 땅 없는 빈민과 소작농부터, 프랑스 혁명의 상퀼로트까지 사람들을 대거 정치 행동에 끌어들였다.

이런 상황에서 가족과 성, 남녀 관계를 바라보는 새롭고 급진적인 세계관이 발전했다.

17세기 중반 영국 혁명 기간에 다양한 종교·정치 집단이 활발히 활동했는데, 그중 일부는 단순히 왕을 부유한 남성들의 정부로 교체하는 것이 아니라 더욱 철저한 사회 변화를 원했다. 그들은 여성과 성도덕에 대한 새로운 사상을 발전시켰는데, 혼란스럽고 한계가 있기는 했지만 좀 더 평등한 애정 관계와 개인의 자유를 갈구했다.

예를 들어, 수평파는 개인의 생산도구 소유권을 착취자들로부터 경제적으로 해방되기 위한 기본 전제로 봤는데, 이런 사상은 개인의 자기 신체에 대한 권리라는 개념과 연결됐다. 리처드 오버턴은 다음과 같이 말했다. "모든 사람은 자기 자신이므로 자기 소유권이 있다. 그렇지 않다면 자기 자신일 수 없다." 디거파는 사유재산을 철폐하고 공동체 생활로 대체하기를 원했는데 결혼과 가족을 다룬 소책자들을 펴내 "가문이나 재산"에 상관 없이 "사랑하는 사람과 결혼할 자유"를 설파했다.[26] 한편 "부자와 권력자" 없는 세상을 꿈꾼 랜터파의 로런스 클라크슨은 권력자들의 간섭에서 자유로운 사랑에 대해 말했다. "빛과 사랑 속에서 당신이 하는 행동이 무엇이든, 그것은 빛나고 사랑스러운 것이다. …

성서, 성인과 교회가 뭐라고 말하든, 당신 내면이 스스로 비난하지 않는다면, 당신은 비난받지 않으리라."[27]

프랑스의 새로운 혁명정부는 1791년 남성 간 성행위를 비범죄화하고 "미신, 봉건제, 조세제도, 폭정이 만들어 낸 가짜 범법 행위"가 아니라 "진짜 범죄"를 처벌하는 새 법률을 제정했다. 유럽의 많은 나라, 심지어 소도미를 사형으로 처벌하던 곳에서도 프랑스의 선례를 따랐다. 1766년 영국의 식민 지배에 맞선 미국 혁명 또한 소도미를 비범죄화했다. 17세기와 18세기의 위대한 부르주아 혁명들 덕분에 억압으로부터의 해방과 평등이라는 사상이 대중적 지지를 받았고, 이런 사상은 흑인 노예와 여성의 해방, 성적 자유로까지 확장될 수 있었다.

남성의 권리, 여성의 권리

톰 페인은 《인간의 권리》에서 다음과 같이 선언했다. "모든 시대와 세대는 앞선 시대와 세대처럼 언제나 자유롭게 스스로 행동할 수 있어야 한다." 메리 울스턴크래프트는 《여성의 권리 옹호》에서 새로운 자유가 여성에게도 적용돼야 한다고 주장했다. 그녀는 "이

---

* 《인간의 권리》의 원제목은 *The Rights of Man*, 즉 《남성의 권리》다.

끔찍한 세계에 구속되고 싶지 않아서" 결혼에 반대한다고 선언했고 여성이 "남편과 수십 명의 아이에게 둘러싸이지 않고 자기가 하고 싶은 일을" 자유롭게 추구할 수 있어야 한다고 요구했다. 두 소책자는 모두 널리 읽혀 계몽주의 사상(이성과 지식을 통해 세상을 이해할 수 있고 종교, 미신, 전통이라는 옛 권위에 맞서 새 사회를 건설할 수 있다는 사상)을 대중화하는 데 일조했다. 그래서 많은 이들이 성인끼리 합의한 성행위를 법으로 처벌하는 데 반대했다. 비록 계몽주의 시대를 대표한 인물 중 하나인 볼테르처럼 "인류를 파괴하는 악행"에 대한 개인적 혐오를 딱히 떨쳐 낸 것은 아니었지만 말이다. 소도미에 대한 비합리적 박해에 반대한 또 다른 사람으로는 "완전히 야만적인 시대"의 법률을 폐지하자고 요구한 이탈리아 철학자 체사레 베카리아와 동성 성행위 억압에 반대하는 미발표 글을 여러 편 쓴 영국의 자유주의 사상가 제러미 벤담이 있다.

일상에 미친 혁명의 반향

이런 사상은 대중의 의식에서 영향받은 동시에 대중의 의식에 영향을 미치기도 했다. 1726년 젊은 노동자 윌리엄 브라운은 소도미죄로 재판을 받을 때 다음과 같이 자신을 변호했다. "내 몸을 내가 원하는 대로 사용하는 것은 전혀 죄가 아니라고 생각합니다."[28] 1785년 프랑스에서 경찰에 체포된 한 재단사는 "나만 그러는 것도 아니고 다른 사람에게 해를 입힌 것도 아닙니다. 아주 어렸을 때부터 그랬어요. 타고난 겁니다" 하고 주장했다. 한편 1817년 네덜란드에서 발행된 한 소책자는 다음과 같이 개탄했다. "주지하다시피 이 모리배들은 자신들의 소름 끼치는 욕정이 자연스러운 본능이라고 거리낌 없이 얘기한다."[29]

이런 예들은 모두 혁명의 시대가 부른 반향이었다. 광범한 사회·경제적 변화가 사회를 통제하던 낡은 구조를 뒤흔들고 있었기에 그런 표현이 가능했던 것이다.

점점 더 많은 사람이 도시로 유입되자 개인 생활, 전통적 가족, 낡은 관습 사이의 관계가 느슨해지기 시작했다. 동시에 도시에서 소규모 제조업이나 상업에 종사한 사람들은 가정과 일터의 분리를 경험했다. 이 때문에 옛 방식에서 벗어나 성 경험을 하고 관계를 맺을 수 있는 여러 가능성이 생겨났다. 17세기 말부터 서유럽 도시에서 동성 성관계를 맺는 남성들의 하위문화가 등장했다. 영국에서 그 중심은 몰리하우스였다. "그곳은 단골 모임 장소이자 술집이고 비밀 클럽이었다. 남성들이 어울려 술 마시고 춤추고 시시덕거리고 여장 무도회를 열어 여성의 몸짓과 말투를 흉내 냈다. 당대의 한 사람이 말했듯이 '마치 바람난 남녀가 뒤엉킨 것처럼 서로 껴안고 입 맞추고 간지럼 태우느라 정신이 없었다.' … 그곳에 드나드는 남성들은 런던의 제조업을 망라한 장인, 직공, 도제 등 노동자들이었다."[30]

이런 일이 얼마나 널리 벌어졌는지, 또 '일상'에 어떤 영향을 미쳤는지는 파악하기 쉽지 않다. 왜냐하면 우리가 아는 내용이 대부분 감시와 체포, 당시 재판 기록에서 나온 것이기 때문이다. 그러나 1770년대 영국 시 한 편은 성장하던 도시에서 동성끼리 비밀스런 정사가 드문 일이 아니었고 틀림없이 잘 알려져 있었음을 보여 준다.

> 이 규칙을 따르라, 절대로 바지를 벗지 마라.
> 원기를 회복해 주는 잠에서 깨어 있으려 애써라.
> 그러지 않으면 십중팔구 자다가 봉변을 당할 테니.[31]

1726년 윌리엄 브라운의 법정 변론은 성적 선호에 바탕을 둔 현대적 의미의 동성애자 정체성을 표현한 것은 전혀 아니지만, 간섭받지 않고 성행위를 할 권리가 있다는 생각이 일단의 사람들 사이에서 발전했음을 보여 준다.

자유의 의미: 새로운 질서를 도입하다

그러나 영국 지배계급의 생각은 달랐다. 1700년대 내내 소도미는 사형으로 처벌받을 수 있었고 계속해서 "자연에 반하는 불쾌하고 혐오스러운 범죄"로 취급됐다. 1700년대에 극형이 내려진 적은 거의 없었지만, 1780년에 연인 사이인 미장이와 마부가 형틀에 묶여 조리돌림을 당하다가 군중에게 살해된 사건이 있었다. 이는 얼마나 잔인한 탄압이 가해질 수 있는지 보여 주는 경고이자 18세기 말부터 19세기까지 동성 간 성행위에 대한 박해가 극심해진 매우 잔혹한 시기의 서막이었다.[32]

많은 나라들이 성 행동에 대한 통제를 완화하던 시기에 왜 영국은 통제를 더 강화했을까? 그 이유를 알려면 영국인의 특성이 아니라 자본주의 체제의 본질을 이해하는 게 결정적으로 중요하다.

자본주의 사회를 확립한 최초의 혁명은 영국에서 일어났고, 프랑스 혁명이 일어났을 때 영국 부르주아지는 이미 한 세기 넘게 권력을 잡고 있는 상태였다. 영국 부르주아지의 부는 새롭게 성장하던 노동계급이 창출한 이윤에서 나왔다. 노동계급은 토지에서 쫓겨나 지저분한 공장이나 산업화된 농장에서 일자리를 구하는 것 말고는 선택의 여지가 없었다. 노동계급의 상태는 끔찍했다. 더럽고 고통스럽고 가난이 널리 퍼져 있었다. 이런 상황에서 부르주아지는 유럽을 휩쓸던, 특권에 맞서는 급진적 투쟁과 사상이 들어와 자신들을 겨냥할까 봐 두려워했다. 결국 부르주아지가 권력을 잡으며 가난하고 짓밟힌 이들에게 약속한 새로운 자유(예컨대 자유노동)는 새로운 형태의 노예제, 즉 임금노동임이 드러났다. 사람들은 먹고살 것을 생산할 토지에서 쫓겨나 자신에게 남은 유일한 것, 즉 노동력을 팔거나 아니면 굶어 죽을 '자유'에 직면했다.

부르주아지는 유럽 대부분 지역에서 봉건제의 잔재를 없애는 싸움을 아직 끝내지 못하고 있었다. 그러나 이미 부르주아지 자신을 겨냥해 프랑스 혁명의 혁명적 언어를 사용할 수 있는 새 피착취 계급이 생겨났다.[33]

가족의 사회적 구실을 둘러싼 싸움은 부르주아지가 노동계급을 확고히 통제하기 위해 이 "혁명적 언어"를 분쇄하려고 벌인 더 광범한 투쟁에서 매우 중요한 요소였다.

노동계급이 착취에 저항하려고 각종 통신위원회와 노동조합 같은 새로운 형태의 조직을 발전시키던 무렵, 가족이라는 더 오래된 형태의 조직은 급속하게 붕괴하고 있었다. 전에는 가족을 중심으로 노동하던 사람들이 대도시로 내몰려 "노동시장에 홀로 서게 됐다."[34] 가족과 결부된 경제 관계가 사라지면서 기존의 위계 또한 무너졌다. 자본가들은 비용을 줄이려고 여성과 아동 노동을 이용하기 시작했고 기술혁신을 이용해 남녀 노동자들을 전통적 노동 분야에서 쫓아냈다.

아내가 고용되면 많은 경우 가족이 완전히 해체되는 게 아니라 거꾸로 뒤집힌다. 아내가 가족을 부양하고, 남편은 집에 들어앉아 아이를 돌보고 청소를 하고 음식을 만든다.[35]

기존 제도가 붕괴하면서 위계질서도 무너지자 부르주아지 일부는 사회불안이 확대되고 자신들의 사회 통제력이 약해질까 봐 걱정하기 시작했다. 자본주의 산업을 효과적으로 조직하려면 가족이 전통적으로 주입한 위계와 규율이 준수돼야 했고 노동자들이 집단적 계급투쟁 조직이 아니라 개별 가정에 대한 책임감과 자급자족 욕구에 매이는 편이 나았다.

일부 자본가들은 또 노동계급의 전반적 궁핍과 가계 파산이 노동자들의 건강과 수명에 치명타를 가하는 현실을 우려하기 시작했다. 리버풀에서 실시된 한 조사를 보면 기계공의 평균 기대 수명은 "고작 15살"이었다. 맨체스터에서는 "노동계급 어린이의 57퍼센트가 5살이 되기 전에 사망한다"는 보고가 있었다. 울버햄프턴의 한 조사를 보면 교육 수준이 충격적일 정도로 낮은 게 드러난다. "한 17살 소년은 2 더하기 2가 얼마인지 몰랐고 손에 돈을 쥐고 있으면서도 2펜스가 몇 파딩인지˙ 몰랐다."[36]

건강하고 규율 있고 교육받은 노동력을 손쉽게 충원하고 싶

---

* 1페니의 4분의 1에 해당하던 영국의 옛 화폐단위.

어 한 일부 부르주아지에게 이런 상황은 커다란 걱정거리였다. 게다가 이것은 부를 집중하고 재산을 보호하는 수단으로서 부르주아지에게 여전히 중요한 제도의 정당성을 위협하는 것이기도 했다.

물질적 조건 때문에 노동계급 가족은 붕괴하고 있었던 반면, 부르주아지는 자신의 계급적 필요에 맞게 가족제도를 법적·이데올로기적으로 강화하는 조치를 취했다. 1753년 혼인법은 결혼을 구두 합의에서 법적 계약으로 바꾸고 재산·소득·자녀에 대한 여성의 권리를 박탈했다. 가족제도를 강화해 부르주아지의 재산을 보호하려는 것이었다. 당대 한 사람은 다음과 같이 썼다. "여성의 정조가 사회에 얼마나 중요한지 생각해 보라. 우리는 양을 훔친 도둑을 교수형에 처한다. 그런데 여자가 바람이 나면 양과 농장 등 모든 것을 온당한 주인에게서 앗아 간다."[37] 여성이 남편의 소유물이 된 것이다.

그러나 귀족의 세습 지배에 도전한다고 표방하며 권력을 잡은 계급이니만큼 부르주아지는 가족제도를 뒷받침할 새로운 사상체계가 필요했다. [예컨대] 결혼이라는 법적 계약은 상호 선택과 낭만적 사랑으로 이뤄진 관계를 바탕으로 맺어져야 했다. 19세기에 이르면 혼인 계약의 중심인 가정은 부르주아지가 자신의 부를 향유하고 자신의 여자와 자녀, 재산을 보호하는 사적 안식처가 된다. 이처럼 개인적 선택에 의한 관계를 강조하고 가정생활 이데올로기(가정을 안정, 미덕, 자기 수양의 장소로서 강조하는)를 만들어 냄으로써 부르주아지는 사회를 자기 방식대로 변화시키고 자신을 타락한 귀족이나 부도덕한 하층민과 구별하는 데 유용한 가치를 얻게 됐다.

당시의 성적 관계를 다룬 대중적 논의를 살펴보면, 사람들에게 성생활을 누릴 권리가 있음은 인정했지만 어디까지나 결혼 관계 안에서 가장(남성)의 주도 아래 이뤄져야 한다고 생각했음을 알 수 있다. 1850년대에 인기 있던 성 관련 서적은 다음과 같이 설명했다.

여성의 다수는 (사회에는 다행이게도) 어떤 종류의 성적 감정으로도 큰 문제를 겪지 않는다고 말할 수 있을 것이다. … 훌륭한 어머니, 아내, 주부는 대부분 성적 쾌락에 대해 거의 알지 못하거나 무관심하다. 가정, 자녀, 집안일에 대한 애정만이 그들이 느끼는 유일한 열정이다.[38]

이렇듯 남성으로부터 독립적인 여성의 섹슈얼리티를 부정하려 한 것이 남성 간 성행위와 달리 여성 간 성행위는 지배계급의 공격을 받지 않은 주된 이유였음이 틀림없다. 그러나 레즈비언 행위를 금지하는 법률이나 직접적 공격은 없었지만 가족제도와 이데올로기, 편견이 여성의 성을 강력하게 규제하는 구실을 했다. 여성의 경제적 지위가 남성에 비해 낮았고 공적 생활에서 주변부로 밀려나 있었던 데다 여성의 섹슈얼리티를 드러낼 수도 없는 상황이었기 때문에 여성이 남성 동성애자들이 발전시킨 것과 같은 하위문화를 발전시키기는 좀처럼 어려웠다.

여성의 섹슈얼리티가 부정된 것은 모순적 효과를 낳았다. 일부 여성들은 그 덕분에 육체적으로 친밀한 관계를 오랫동안 누릴 수 있었는데 그들의 관계가 성적이지 않다고 간주됐기 때문이다. 그런 '낭만적 우정'은 나중에 알려졌듯이 일부는 분명히 성적 관계였다. 심지어 우리가 알지 못할 뿐 깊은 관계를 맺거나 살림을 차려 함께 산 사례도 많다. 예를 들어, 랑골렌의 숙녀들이라고 불린 두 아일랜드 상류계급 여성은 1778년 도피해 웨일스에 가정을 꾸리고 여생을 함께 보냈다. 그들은 덕망이 높았고 많은 명망가들과 교류했으며 심지어 왕에게서 연금도 받았다. 그러나 한 여성 손님은 다음과 같이 털어놓았다. "분명 플라토닉한 관계가 아니라는 생각을 떨칠 수 없었습니다. 하늘이시여 용서하소서. 저는 마음속으로 그런 의심을 품었습니다."

이 시대에는 또 남성으로 '통하는' 노동계급 여성들도 있었는데, 그들은 남성의 일을 했고 다른 여성과 결혼을 하는 등 성적 관계를 맺었다. 높은 임금과 더 많은 개인적·성적 자유를 누리려고 그렇게 행동했을 것이다. 그러나 여성들 사이에 그런 관계가 유지될 수 있던 이유 또한 그런 관계가 사실상 무시되고 감춰

졌기 때문이므로 그런 여성들이 얼마나 있었는지는 알 수 없다.

1921년, 의회가 남성 동성애 금지법을 여성에게까지 확대하려 했을 때 상원은 이를 거부했다. 검찰총장 데자트 경은 다음과 같이 말했다.

그런 범죄가 있다는 걸 온 세상이 알게 되고, 그런 일을 들어 본 적도, 생각해 본 적도, 상상해 본 적도 없는 여자들이 관심을 갖게 될 겁니다. 아주 심각한 악영향을 미칠 거라고 생각합니다.

가족의 해체와 옛 성적 질서의 붕괴는 부르주아지에게 자신들의 경제체제와 그것을 뒷받침하는 가치를 모두 위협하는 것으로 보였다. 그것은 사회불안과 심지어 혁명의 위험을 뜻하는 "강렬한 은유"가 됐다.

일례로, 1793~1815년 프랑스와 전쟁을 벌이는 동안 영국 지배계급은 프랑스 혁명을 소도미와 성적 방종, 그리고 프랑스 혁명이 제기한 "윤리, 도덕, 종교 영역의 혁명"의 위협과 연결함으로써 재앙과 악행에 대한 해묵은 공포를 불러일으키려 했다.

부르주아 사회는 또한 '하층민'의 성적 타락에 노심초사했다. 공장 감독관들은 남성 노동자들의 "추잡하고 더러운 욕망"과 후덥지근한 공장에서 반쯤 벗고 일하는 어린 여공들의 "난잡한 행실"에 대해 한탄했다. 인구가 밀집한 빈민가들에 대한 조사에서는 빈민가가 "성적으로 문란하고 심지어 성도착"의 위험이 있다고 강조했다. 단골 주제로는 노동계급 남성의 짐승 같은 욕구, 10대 성애와 성매매의 증가, 공장 노동이 여성에게 미치는 악영향이 있었는데, 버나도 박사의 보고서에 따르면 공장 노동은 "가족의 유대 관계를 약화시키고 가정생활 덕목의 발전을 크게 저해하는 때 이른 독립심"을 부추겼다.[39]

부르주아지가 이런 문제들에 대응하는 방법을 놓고 의견이 완전히 일치한 것은 분명히 아니었지만, 통제권을 확립하려고 씨름하는 과정에서 가족제도를 위협하는 성적 행위와 관행을 공격하고 가족을 강화하는 수많은 조치들이 취해졌다.

노동자들이 참혹한 노동조건에 맞서 대중운동을 일으키자 1833년, 1842년, 1844년에 아동과 여성의 노동연령, 노동시간, 노동할 수 있는 장소를 규제하는 공장법이 잇달아 도입됐다. 아무 제약 없이 마음껏 착취하기를 원한 많은 사용자들은 공장법에 격렬히 반대했지만, 지배계급의 다른 부문은 더 건강한 노동력을 확보하고 가족 가치를 장려하는 개혁을 단행하는 게 장기적으로 이득이라고 봤다. 노동자들에게는 이런 개혁이 생활수준을 어느 정도 개선하는 최선의 방법을 제시하는 것처럼 보였다. 그러나 그것은 여성의 독립성을 약화시키고 여성이 있어야 할 곳은 일터가 아니라 가정이라는 생각을 조장하는 효과도 있었다.

공장법과 함께 1834년 가혹한 신新구빈법이 제정됐다. 신구빈법의 목적은 '몸이 성한' 사람들과 자녀가 있는 미혼 여성들에게 음식, 돈, 의복 형태의 '원외 원조'를* 하지 못하게 금지함으로써 노동자들이 기아임금을 받아들이도록 강제하는 것이었다. 스스로 생계를 꾸리지 못하는 사람들은 감옥이나 다름없는 구빈원에서 일해야 했다. 이런 공개적 처벌은 가족 부양 의무를 회피하는 사람들이 처참한 운명을 맞이할 것이라고 끊임없이 도덕적으로 경고하는 구실을 했다.

'과잉인구'의 증식을 막고 '부도덕'한 부모가 아이에게 영향을 미치지 못하게 하려고 가족을 갈라놓는다. 남편과 아내와 아이가 각각 다른 사동에 배치되고 가끔가다 정해진 시간에만 만나는 것이 허용되는데 그마저 관리들이 보기에 행실이 모범적일 때만 가능하다.[40]

실패한 가족과 도움받을 자격이 없는 가난뱅이와 함께 소도미죄를 저지른 사람들 또한 지배계급에게 편리한 속죄양이었다. 노라 칼린이 주장하듯이 [지배계급이 보기에는]

그들[노동자들 — 지은이]이 부패한 정부에 반기를 들거나 개혁을 이루려고 봉기를 일으키기보다는 떼를 지어 소도미죄를 저지른 사람

---

* 구빈원에 수용돼 있지 않은 빈민에 대한 구호 활동.

들을 공격하는 편이 나았다. 교수대나 형틀로 보내진 남성들은 정말로 상징적인 속죄양이었지만, 그들이 상징한 위험은 새로운 것이었다. 이단, 마법, 소도미라는 낡은 3대 악을 소도미, 폭동, 무질서라는 새로운 3대 악이 대신하게 됐다.[41]

그래서 소도미죄 처형 건수가 1797년 해군 폭동 시기에 처음으로 증가했다. 1806~36년에 소도미죄 처형이 평균 한 해에 2건 정도로 증가했는데, 당시는 사형선고가 대폭 줄어들던 시기였다. 예를 들어, 1806년에는 소도미죄로 처형당한 사람이 살인죄로 처형당한 사람보다 많았고, 1810년에는 소도미죄로 유죄판결 받은 사람 5명 가운데 4명이 교수형을 당했다.[42] 이와 대조적으로 1730~50년에는 중앙형사법원에서 소도미와 관련 있는 사건이 한 해에 1건뿐이었고, 1749~90년에도 소도미죄로 처형당한 남성은 2명에 불과했다.[43]

1820년대에는 잇달아 법률이 개정돼, 소도미를 "시도하거나 유도하거나 설득하거나 심지어 약속하는 것"까지 새롭게 범죄행위에 포함됐다.[44] 이 때문에 소도미보다는 소도미 시도로 유죄판결 받은 남성의 수가 증가했고 보통 2년 형이 선고됐다. 이를 발판으로 1885년에는 훨씬 더 폭넓게 남성 사이의 모든 성행위를 겨냥한 법률이 도입됐다.

성적 활동에 대한 감시가 강화된 것은 새로운 도시 노동계급을 통제하려는 노력의 일환이었다. 그 전에는 법이 지역의 재량에 맡겨졌고 이따금 형틀에 매달거나 공개 처형해서 잔인한 구경거리로 만드는 식이었다. 필요하면 언제든 군대를 투입할 수 있었다. 그러나 이런 방식은 파업, 대중 시위, 봉기, 시민 불복종을 조직하기 시작한 노동계급에게는 잘 먹히지 않았고 심지어 역효과를 내기도 했다. 그래서 지배계급은 1829년 런던경찰청(노동계급 활동가들에게 '파란 옷의 도살자들'로 알려질)을 설립하고 행동 양식을 체계적으로 규제하는 일련의 법률을 발전시켰다. 예를 들어, 1800년대의 부랑금지법은 "무질서한 생활 방식"을 금지했고 실업자, 비국교도, 매춘부나 소도미 행위자를 겨냥해 이용될 수 있었다. 이 법은 성매매, '과잉 출산', 사생아 출산, 근친상간 같은 '하층민'의 소위 부도덕한 성 행태에 대한 일련의 도덕적 공황과 밀접한 관련이 있었다.

이런 새로운 형태의 사회통제에 맞선 저항도 있었다. 지역 경찰 설치에 맞서 대규모 시위들이 벌어졌고 1833년 한 경찰관이 살해당했는데 '정당방위' 판결이 내려져 경찰에 대한 적개심이 얼마나 광범한지 드러났다.[45*] 경찰에 대한 반감은 소도미 단속에 대한 사람들의 반응에도 영향을 미쳤다. 동성과 성행위를 한 남

---

* 1833년 5월 13일 물가 인상, 저임금, 실업, 가난에 항의하는 노동자 집회에 경찰이 무차별 폭력을 휘두르다 경찰관 한 명이 칼에 찔려 살해당했다. 17명의 배심원단은 '정당방위' 판결을 내렸다.

성들에 대한 감시와 함정수사는 광범한 불신을 샀고 똑같은 행동을 특권계급이 하면 괜찮고 노동계급 남녀가 하면 죄가 되는 이중 잣대에 많은 사람들이 냉소했다.[46] 구빈법도 격렬한 반발에 부딪혔다. 구빈원에 대한 공격과 항의 시위 때문에 일부 지역에서는 10년 넘게 구빈원을 세우지 못했다.

차티스트 운동과 새로운 낙원, 자유로운 사랑

이런 저항은 1815년부터 고양된 노동계급 투쟁의 일부로, 역사상 최초의 노동계급 대중운동인 차티스트 운동에서 절정에 달했다. 차티스트 운동의 중요성은 보통 선거권에 바탕을 둔 급진적 민주주의 개혁이라는 운동의 공식 요구를 훨씬 뛰어넘는 것이었다. 차티스트 운동은 "자체의 민주적 구조를 갖춘 상시적 조직"을[47] 만들어 개별 반란 행위를 넘어서려 한 세계 최초의 노동계급 조직화 시도였다. 1838~50년에 최초의 총파업과 의회·국가와의 대규모 투쟁 등 여러 활동이 벌어졌다.

이런 투쟁들 덕분에 노동계급 사이에서 급진적 변화, 심지어 혁명이 가능하다는 믿음이 생겨났고 모두가 진정한 자유(자유로운 사랑과 성 평등 같은)를 누리는 미래를 위해 투쟁하자고 주장하는 사람들이 청중을 얻게 됐다.

19세기 초에 초기 사회주의 운동과 관련 있는 클로드 앙리 드 생시몽, 샤를 푸리에, 로버트 오언 같은 급진주의자들이 점점 더 많은 지지를 얻었다. 이 공상적 사회주의자(나중에 엥겔스가 붙인 이름)들은 성 해방과 여성 해방이 실현되는 새로운 세계라는 목표를 공유했다.

그들의 사상은 과학과 산업이 새로운 세계와 새로운 자유를 가져올 수 있다고 본 계몽주의 낙관론의 영향을 받았다. 그들이 보기에 여성과 사랑에 대한 제약은 부르주아지가 그런 희망을 배신했음을 보여 주는 강력한 상징 가운데 하나였다. 예를 들어, 푸리에는 자신의 책《네 가지 운동의 이론》에서 사회의 "일반적 해방"을 가늠하려면 "여성이 얼마나 해방됐는지"를 "척도"로 삼아야 한다고 주장했다.

공상적 사회주의자들은 여성이 결혼 안에서 "노예 상태로 전락"하고, "아내들의 영원한 감옥"인 가정에서 하찮은 존재가 되고, 사랑의 자유를 빼앗기고, "아이를 낳는 수동적 기계"처럼 취급받는다고 주장했다. 그들은 이와 다른 대안적 생활 방식을 지지했다. 생시몽은 "자유로운 사랑"과 "도덕적 결합"을 주장했다. 오언과 푸리에 추종자들은 경쟁 대신 상호 협력하는 공동체들을 세웠고, "가사의 고역"과 육아를 함께 하는 집단적 생활 방식을 내세웠다. 사생아 차별도 없었다.

공상적 사회주의는 "사회를 전면적으로 개조"하고 싶어 한 억압받고 착취당하는 사람들의 "최초의 본능적 열망"을 표현했지만, 노동계급이 정치 세력으로서 등장하지 않았던 정치적 반동기에 발전한 사상이었다. 그 결과 초기 사회주의자들은 노동자를 새로운 사회의 잠재적 창조자라기보다 피해자로 보는 경향이 있었고 자신들이 훌륭한 주장을 펼치고 모범적 공동체를 건설하면 사회를 설득해 위대한 개혁을 이룰 수 있다고 여겼다. 그러나 이렇듯 세상을 위로부터 엘리트주의적으로 변화시키려는 접근법 때문에 공상적 사회주의 사상의 해방적 요소는 일부 퇴색했다. 여성을 가사의 고역에서 해방하려는 합리적 사회조직이 동시에 자본주의를 위해 노동자들의 생산성을 높이는 데 이용될 수 있었다. 그리고 만약 사회주의의 이점을 부자들에게 납득시키기만 하면 된다면, 사회주의를 실현할 부와 자원을 가진 그들에게 호소하는 것이 우선순위가 돼야 했다.

공장주라는 지위를 이용해 1800년대 초 뉴래너크 마을의 공장에서 새로운 삶의 실험을 지휘한 로버트 오언은 노동자들의 생산성이 향상될 것이라며 부유한 자선가들에게 비슷한 공동체들에 자금을 대라고 열심히 설득하는 데 초기 정치 생활 대부분을 보냈다. 오언의 공장은 세계에서 가장 큰 공장 중 하나였고 노동자들에게 더 인간적인 노동조건을 제공한 것이 사실이다. 그러나 그 뒤의 많은 실험은 실패로 끝났고 노동계급의 관심도 별로 끌지 못했다. 오언 자신이 인정했듯이, 뉴래너크의 실험은 실험에 참여한 노동자들의 삶을 조금이나마 실질적으로 개선했지만 새로운 해방 사회라는 기대에는 부합하지 못했다. 다시 말해, "사람들은 여전히 내 자비에 좌우되는 노예였다."

이렇듯 공상적 사회주의자들은 대담하게 다른 세상이 가능하다고 생각했지만, 이런 근본적 사회변혁을 어떻게 이룩할 수 있는지는 콕 집어 설명하지 못했다. 그들은 자본가계급이 물질적 이해관계 때문에 공상적 사회주의자들의 새로운 사회 구상에 반대할 수 밖에 없음을 인식하지 못한 채 모든 계급에게 호소했고, 노동계급 투쟁과 동떨어진 이성적 주장의 힘을 과신했다. 노동계급 투쟁이야말로 그런 주장을 실현할 원동력이었는데 말이다.

그러나 1830년대와 1840년대에 자본주의의 불의에 맞선 저항이 늘어나면서 그런 '이상향'을 쟁취할 수 있는 길이 보이기 시작했고, 그 투쟁을 벌이는 사람들 사이에서 여성과 성에 대한 새로운 사상에 우호적인 청중이 늘었다. "오언주의 노동자들은 결혼과 사생아 차별을 없애자거나 가족생활을 집단생활로 대체하자거나 여성의 노동권과 노동조합 가입권을 보장하자는 등 다양한 주장과 제안을 내놓았다."[48]

사회주의자들은 또한 교회나 국가로부터 관계를 공인받을 필요가 없다며 '자유로운 결합'을 추구했고 피임을 홍보하고 성을 스스로 통제할 자유를 지지한 최초의 선동가들이었다. 시집《매브 여왕》에서 "제약 속에서 사랑은 시든다"고 선언한 셸리와 동성애를 칭송한 바이런 경 같은 낭만파 시인들이 노동자들 사이에서 인기를 얻었고, 지배계급은 이런 상황을 우려스러워했다. 대안적 사회 조직 방식에 대한 공상적 사회주의자들의 사상과 옛 세계의 제약을 맹렬히 비난한 낭만파 시인들의 사상이 맞물려 노동자 운동에 참여한 사람들 일부에서 급진적 성 정치가 발전했다.

이런 사상이 논쟁을 불러일으키지 않았다거나 주류가 됐다는 것은 결코 아니다. 공장과 빈민가의 참상에 대한 노동자들의 또 다른 반응은 가족에서 안식처를 찾는 것이었다. 한 여성 차티스트 활동가는 다음과 같이 썼다.

남편의 벌이로 가족을 부양할 수 없어 아내가 가정을 방치한 채 어린아이를 데리고 영혼과 육신을 갉아먹는 노동을 할 수밖에 없었다. … 수년 동안 우리는 가정의 안녕을 지키기 위해 싸웠다. 우리의 심장은 힘든 노동을 마친 뒤 돌아온 남편을 환대해야 한다고 말한다. 여러 해가 지났지만 지금도 우리의 바람이 이뤄질 조짐은 보이지 않고, 남편은 기진맥진해 있고 집에는 가구도 거의 없고 가족은 제대로 먹지 못하고 아이들은 학교에 가지 못한다.[49]

그러나 부르주아지가 자신에게 권력을 가져다준 혁명적 투쟁이 고무한 꿈과 희망을 없애 버리려 애쓰던 그때, 노동계급이 그런 꿈을 실현할 수 있는 세력으로 등장하고 있었다. 부르주아지가 자유로운 사랑이라는 사상에 완전히 등을 돌리던 때에, 노동계급 운동의 일부는 자유를 위한 투쟁을 자유로운 사랑과 여성의 권리를 위한 투쟁과 연결 짓기 시작했다.

새로운 세계의 꿈을 실현하기

영국에서 벌어진 차티스트 운동이라는 위대한 투쟁은 유럽 전역을 휩쓸며 성장하던 반란(급기야 1848년 혁명으로 발전해 구체제를 뒤흔들고 민주적 개혁을 쟁취한)의 일부였다. 또 이 투쟁들 덕분에 마르크스주의와 과학적 사회주의가 탄생해 공상적 사회주의자들의 이상을 노동계급이 사회주의를 쟁취할 힘을 가지고 있다는 인식과 결합할 수 있었다. 마르크스가 제1인터내셔널(국제노동자협회) 창립 선언문에서 말했듯이, "노동계급의 해방은 노동계급 자신의 힘으로 쟁취해야 한다."

초기 사회주의의 핵심인 인간 해방에 대한 신념은 마르크스주의에도 여전히 중요했지만, 이제는 노동계급이 인간 해방을 쟁취할 경제적 힘과 이해관계를 지닌 집단이라는 이론과 결합됐다. 자본주의 체제가 노동자들의 집단적 노동을 착취하는 데 의존하므로 노동자들은 "자본주의의 무덤을 파는 사람들"이 될 수 있었다.

소수 계급인 부르주아지는 법률과 이데올로기를 통해 가족을 노동자가 착취당하고 여성이 억압받으며 어떤 섹슈얼리티 차이도 박해받는 불평등한 사회를 지키고 재생산하는 도구로 만들었다. 마르크스는 사회의 다수인 노동계급에게는 착취와 억압이 없는 "더 발전한 형태의 가족과 양성 관계를 위한 새로운 경제적 토대"를 만드는 것이 이익이라고 주장했다. 따라서 노동계급은 모든 사람을 자유롭게 할 새로운 사회주의 사회를 창조할 힘과 이해관계를 지닌 "보편적 계급"이었다.

사회주의 사회는 위로부터 더 나은 세계에 대한 청사진을 짜거나 기존 사회 내에서 소소한 개혁을 추구하는 것으로 쟁취할 수 있는 것이 아니라 혁명적 투쟁이 필요하다. 마르크스가 말했듯이 "다른 방법으로는 지배계급을 타도할 수 없을 뿐 아니라, 지배계급을 타도하는 계급은 오직 혁명 속에서만 낡은 오물을 털어 내고 사회를 새롭게 건설하는 데 적합해질 수 있기 때문이다."[50] 이것이 엥겔스가 "위대한 혁명이 일어나면 언제나 자유로운 사랑이 화두가 된다"고 주장한 이유였다. 혁명은 계급사회를 뒷받침하는 모든 편견과 억압에 도전하는 것이고, 우리가 "필연의 왕국"에서 "자유의 왕국"으로 도약할 수 있는 유일한 수단이다.

공상적 사회주의자들과 마르크스와 엥겔스는 성적 선호에 기초한 현대적 성 정체성과 라이프스타일이 아직 생겨나지 않은 때에 활동했기 때문에 명시적으로 동성 관계를 다루지는 않았지만 일반적 관점에서 여성 억압과 성애에 대한 제약에 반대하는 주장을 했다. 그럼에도 우리는 사회주의자들이 억압 문제를 진지하게 다뤘고 성의 자유와 여성 해방을 이루려는 투쟁을 새로운 세계를 쟁취하려는 투쟁과 통합하려 노력했음을 알 수 있다. 이들의 사상은 훗날 지배계급이 일부 사람들을 성소수자로 분류해 더 체계적으로 공격했을 때, 후대의 사회주의자들에게 중요한 길잡이가 됐다.

반동

영국의 노동자 투쟁과 유럽 전역의 반란이 이런 사상들에 영향을 미쳤지만, 투쟁이 패배하면서 노동계급 안에서 반동의 시대가 실험의 시대를 대체했다. 영국에서는 개별 가족을 자신의 조건을 지킬 최선의 수단으로 보는 관점이 훨씬 더 우세해졌다.

가족은 모든 계급에게 해결책으로 여겨졌다. 지배계급에게 가족은 공공 보육과 노동·생활 조건 개선보다 돈을 덜 들이고 새 세대 노동자를 재생산하는 방법이었다. 근본적 변화가 불가능해 보이던 시기에 많은 노동자들은 가족을 자신들의 문제를 해결할 더 현실적인 방법으로 여겼다.

남성 부양자의 벌이가 아내와 자녀가 가정에 머물 수 있을 만큼 돼야 한다는 가족임금 사상이 인기를 얻었다. 가족임금은 여성과 아이들을 끔찍한 노동조건으로부터 보호하고 사장들이 여성과 아이를 이용해 임금을 삭감하지 못하게 하고 모종의 안락한 가정생활을 제공하는 수단처럼 보였다. 그러나 가족임금 사상은 여성이 있어야 할 곳은 가정이라는 반동적 사상을 수용하는 이데올로기적 퇴보였다. 또 이 때문에 노동자들이 모든 사람의 임금과 노동조건의 전반적 향상을 위해 투쟁할 수 있는 능력도 약해졌다. 가족은 가난과 노동자 착취를 완화하지 못했지만 가혹한 생활 조건으로부터 도피할 안식처를 찾는 노동자들은 가족을 강력히 열망했다.

이런 흐름은 노동계급 조직이 대중운동과 투쟁을 중시하던 변혁적 정치에서 벗어나 갈수록 노동계급 일부의 당면 이익에만 매몰되는 형태로 굳어지면서 더욱 강화됐다. 예를 들어, 1850년대와 1860년대에 성장한 직업별 노동조합은 이전의 투쟁에서 매우 중요한 활약을 한 미숙련·여성 노동자들을 배제한 채 숙련 노동자의 직종별 임금 협상력에 의존했다.

같은 시기에 지배계급 내에서는 영국 자본주의의 수익성을 보장하려면 가족이 중요하다는 의견이 훨씬 더 넓게 확산됐다. 더 정교한 생산기술이 발전하면서 기술과 교육 수준이 더 높은 노동자가 필요해졌고 그 결과 노동자들을 전처럼 쉽게 쓰다 버릴 수 없게 됐다. 이런 상황에서 맨체스터 아동 가운데 4분의 1이 첫돌 전에 죽는 것은 분명히 문제였다(1860년대 통계).

지배계급은 개혁이라는 당근과 아주 편협한 가족 형태를 강요하는 억압 조치를 함께 사용했다. 가족임금을 장려하면서 여러 공장법과 교육법도 잇달아 도입해 여성의 노동시간과 노동할 수 있는 산업을 제한하고 아동에 대한 국가교육을 13세까지로 확대했다. 당연히 많은 노동자들이 이런 조치들을 진보로 여겨 환영했다. 그러나 이 조치들은 또한 부르주아지가 노동자와 그 자녀를 재생산하고 양육하고 돌보는 부담을 주로 노동계급 가족, 그중에서도 여성에게 지우려는 것이었다.

사회 전체에 부르주아 가족을 장려한 결과 가족은 단지 가장 바람직한 삶 정도가 아니라 삶의 유일한 방식으로 굳어졌다. 그 과정에서 (아내, 어머니, 아동 같이) 가족에 매인 역할을 자연법칙에 따른 것으로 설명하려는 새로운 범주가 잇달아 생겨났다. 또 가족의 기능과 그에 따른 성 역할을 거스르는 사람들을 낙인찍기 시작했다.

섹슈얼리티 제약은 도시가 성장하면서 사람들이 다양한 섹슈얼리티를 거리낌 없이 드러낼 기회가 늘어났기 때문에 특히 중요했다. 이런 행위를 엄격히 단속하려는 움직임 속에서 '일탈적 성행위'가 훨씬 더 체계적으로 공격받았고, 그중에서도 남성과 성관계를 맺는 남성과 성매매 여성 두 집단이 주된 표적이 됐다.

당시에는 성병 확산에 대한 우려가 커지고 있었는데, 질병의 3분의 1이 성병 때문이라는 얘기가 있던 군대에서 특히 심했다. 1860년대에 전염병예방법이 잇달아 도입돼 성병 감염이 의심되는 여성을 강제로 내진해서 최대 9개월까지 구금할 수 있는 조치가 시행됐다. 남성에게는 같은 기준이 적용되지 않았다. 이런 법률들로 국가는 노동계급 공동체들을 통제할 수 있는 특별한 권력을 휘두를 수 있게 됐다.

이 법은 혼외정사를 국가정책의 문제로 다뤘다. … 여성의 몸이 특별 단속의 대상이 됐고 성을 구매한 남성이 아니라 성매매 여성이 질병과 오염의 주된 원천으로 규정됐다. 이런 보건 감독과 경찰 감시는 결국 성적으로 일탈한 여자라는 배척받는 집단을 만들어 냈고, 성매매 여성들에게 '공공의' 여자라는 신분을 받아들이도록 강제해 노동 빈민 공동체와의 사적 관계를 끊어 버렸다.[51]

성매매 행위가 아니라 성매매 여성을 처벌하는 이런 경향은 19세기 말 '동성애자'를 범주화하고 억압하는 데서 훨씬 더 파괴적으로 작용했다. 동성애 욕망과 행위를 '일시적 일탈', 즉 이론상으로는 누구나 범할 수 있는 것으로 여기던 데서 특정 부류 사람들의 본성으로 보게 된 것은 매우 중요한 전환점이었다.

감히 그 이름을 부를 수 없는 사랑

소도미죄에 대한 마지막 사형 집행이 1836년에 있었고 1861년에는 소도미죄에 대한 사형이 폐지됐지만, 국가는 계속해서 남성 간 성행위를 박해했고 심지어 기소 조건을 확대했다. 성매매를 규제하는 법이 동성애자 공격을 점점 강화하는 수단이 됐다.

1885년 개정법은 성매매 규제 확대(여성의 동의연령을 높이고 유곽 폐쇄를 용이하게 만들었다)가 주된 내용이었지만, 공공장소뿐 아니라 사적 공간에서도 '남성 간의 추잡한 외설' 행위 일체를 최대 2년의 강제 노역형에 처할 수 있게 했다. 이 법을 입안한 사람이 독불장군 하원의원 헨리 라부셰르인 것은 거의 우연이었지만, 이른바 모범 가족에 대한 위협을 놓고 도덕적 공황을 부채질하는 분위기가 널리 퍼져 있었기 때문에 이 법은 동성애자 박해에 매우 중요한 구실을 하게 된다. 그해에만 25만 명이 '백인 노예무역'(영국 여성을 외국에 팔아넘긴 인신매매 행위로, 언론이 그 규모를 크게 과장했다)에 반대해 행진했다. 성매매 호객 행위를 금지한 1898년 개정법은 거의 전적으로 남성의 호객 행위를 단속하는 데만 이용됐고 남성은 훨씬 더 무거운 형을 받았다.

이때는 권력층 안에서 불황, 아일랜드와 아프리카에서의 분쟁, 급속한 도시 성장에 대한 우려가 커지던 시기였다. 이런 우려 때문에 성매매 여성과 동성애자를 박해하는 논리와 법률이 발전했다. 그들은 손쉽게 "한 나라의 가장 든든한 힘인 … 가족의 순수성"을 위협하는 상징이 됐다.[52]

지배자들은 또 아프리카, 아시아, 중동(영국 등의 유럽 나라들이 열심히 식민지로 만들던)에서 제기되는 이른바 성적 위협에 맞서기 위해서도 가족과 국가를 수호해야 한다고 주장했다. 아프리카인들은 성적으로 헤프고 타락한 존재로 그려졌고 아프리카인을 통제하려고 식민지에 소도미법이 도입됐다. '동성애자'가 영국 지배계급에게 유용한 내부의 적이었던 것처럼, 아프리카 등 식민지에서는 비슷한 목적으로 '미동'이나 '상습적 남색자' 같은 새로운 범주가 개발됐다. 인종주의와 식민지 억압, 동성애 혐오는 밀접한 관련이 있었다.

동성애가 대중에게 널리 알려진 것은 1880년대와 1890년대 영국에서 잇달아 열린 재판들 때문이었다. 가장 중요한 사건은 오스카 와일드 재판이었다. 오스카 와일드는 자신을 "남색자처럼 행동"한다고 비난한 퀸스베리 후작을 상대로 명예훼손 소송을 했다가 패소했다. 그리하여 와일드는 1885년 법에 따라 외설죄로 기소돼 유죄판결을 받고 강제 노역형 2년을 선고받았다. 판사는 와일드의 죄질이 "살인보다 나쁘다"고 말했다. 와일드의 삶은 파탄 났고, 그런 '빗나간' 행위에 대중적 반대 여론이 생겨났다. 결혼해서 두 아이를 둔 남성인 와일드가 일탈과 일탈이 아닌 섹슈얼리티 사이에 '넘을 수 없는 선'을 나타낸 가장 강렬한 상징이 된 것은 대단히 역설적이다. 재판 기간에 〈이브닝 뉴스〉는 다음과 같이 선언했다. "이 추잡한 악행으로 와일드가 유죄판결을 받은 것(이처럼 정신이 병들었으니 당연한 결과였다)이 그 문화를 공유하는 병든 소년들에게 쓰라린 경고가 되길 감히 바란다."[53] 이 얘기와 1918년 섬너 경이 동성애자들은 "마치 어떤 신체적 특징을 공유하는 것과 같이 특수하고 기이한 집단적 특징"을 지닌다고 언급한 것[54] 사이에는 큰 차이가 없었다.

한 시대의 배척받은 자, 다른 시대의 영웅

그런데 오스카 와일드 마녀사냥은 모순적 영향을 미쳤다. 재판 중에 와일드는 "감히 그 이름을 부를 수 없는 사랑"을 옹호하는 열정적 연설을 했다. "그 사랑은 아름답고 고결합니다. 그것은 가장 고귀한 형태의 애정입니다. … 세상은 이것을 이해하지 못합니다." 사람들이 남몰래 느끼거나 경험한 사랑을 이렇게 표현한 것은 많은 이들에게 자기 인식의 출발점이 됐다. 영국의 초기 성 개혁가 중 한 사람인 해블록 엘리스는 그 재판이 "사회 전반에 동성애가 존재한다는 확신과 자의식을 퍼뜨렸고 성도착자들이 분명한 태도를 취하도록 자극"한 것 같다고 평했다.[55]

많은 경우 이 분명한 태도라는 것도 [아직은] 자신감 없고 개별적이었으며 흔히 동성애자는 열등하다는 생각을 받아들였다. 그러나 더 정치적인 대응을 발전시키고 집단적 형태의 저항을 모색한 이들도 있었다. 당시는 권력자들이 성적 일탈에 대한 도덕적 공황을 조장한 시대이기도 했지만, 또한 권력자들에 맞선 투쟁의 시대이기도 했다. 아일랜드에서 영국의 지배에 맞선 오랜 저항이 계속됐고, 사회주의 사상이 부활했으며, 1889~91년 신노동조합운동(미숙련·여성 노동자 수십만 명이 참가한 파업과 투쟁의 물결)의 폭발로 낡은 노동조합 보수주의가 뒤흔들렸다.

이런 사건들이 에드워드 카펜터, 존 애딩턴 시먼즈, 해블록 엘리스 등 영국의 동성애자 권리 운동 선구자들의 활동에 영향을 미쳤다. 그들은 모두 사회주의 운동과 노동계급 운동에 참여했고 그 운동을 통해 초기 공상적 사회주의 전통과 국제 사회주의 운동에서 발전한 여성 해방과 동성애자 해방에 대한 새로운 사상(엥겔스의 《가족, 사유재산, 국가의 기원》과 아우구스트 베벨의 《여성과 사회주의》 같은 책을 통해)을 일부 접했다.

예를 들어, 에드워드 카펜터는 자유로운 사랑, 여성 해방, 부르주아적 결혼 관례에 대한 비판, 노동의 소외와 성적 관계 사이의 연관 같은 초기 사회주의의 주요 사상을 많이 받아들였다. 카펜터는 또한 "행동을 통한 선전"을 매우 중요하게 여겼고 만년에는 셰필드의 준공동체에서 남성 애인과 공개적으로 동거하면서 자

전거를 타고 노동계급 지역을 돌아다니며 자유로운 사랑을 다룬 소책자를 나눠 주고 사상을 전파했다. 전에도 이런 사회주의 전통은 차티스트 활동가들의 아들딸들과 모종의 오언주의자를 자처하며 실천한 노동자 단체들 속에서 살아 있었다. 그러나 카펜터는 새롭게 생겨난 동성애 정체성의 관점에서 사회주의 전통을 발전시키고 표현했다. 카펜터에게 중요한 영감을 준 원천 하나는 후기 낭만파 동성애자 시인 월트 휘트먼이었는데, 휘트먼은 "동지들의 사랑"을 예찬했다. 카펜터는 유럽 전역의 초기 동성애자 권리 운동가들에게게서도 영향을 받았다.

일찍이 1860년대 독일의 운동가이자 법률가인 카를 하인리히 울리히는 《남성 간의 사랑이라는 수수께끼 연구》라는 제목의 소책자들을 쓴 바 있다. 그 책자들에서 울리히는 (플라톤의 《향연》에 나오는 천상의 사랑에서 유래한) 우라니안의 사랑을 옹호했다. 그는 남성 동성애자를 뜻하는 우닝, 여성 동성애자를 뜻하는 우닝인, 양성애자를 뜻하는 우라노디오닝 또는 우라노디오닝인 같은 여러 용어를 만들어 냈다. 비슷한 시기에 인권 운동가이자 언론인인 카를마리아 벤케르트는 독일에서 새롭게 도입하려는 법률에 반대해 법무부 장관에게 보낸 공개서한에서 '동성애자'의* 권리를 옹호했다. 두 사람 모두 동성애가 선천적인 것이므로 처벌

---

* 벤케르트는 동성애homosexual란 단어를 처음으로 사용했다.

할 수 없다는 생각에 기초를 두고 주장을 펼쳤다. 1880년대에 이르면 이런 생각이 초기 동성애자 권리 운동의 선구자들 사이에 널리 퍼졌는데, 이들은 대부분 의료계와 관련이 있었다.

카펜터는 이런 생각을 받아들였고 동성애자들이 "새로운 삶"을 창조하는 데 특별한 구실을 할 것이라고 봤다. 그는 다음과 같이 주장했다.

> 우라니안의 정신은 인류에 대한 모종의 보편적 열정으로 이어질 수 있다. 우라니안들은 오늘날 사회를 지배하고 제약하는 금전적·법률적·외부적 속박을 개인적 애정과 연민의 세계로 대체해 언젠가 일상생활을 변혁할 위대한 운동의 전위가 될 운명일지도 모른다.[56]

오늘날 대다수 성소수자 활동가들은 동성애자(카펜터의 용어로는 우라니안)가 이성애자와 생물학적으로 어느 정도 구별된다는 생각을 마땅히 반대할 것이다. 그러나 당시에는 남성 간 성관계에 대한 공포와 적대를 부추기는 데 반대하려면 다소 부정확하더라도 동성애자 정체성을 긍정하는 주장을 하는 것이 매우 중요했다. 성에 관한 초기 의학 이론들은 소도미(나중에는 '동성애')를 저지른 죄로 기소된 사람들에게 불리한 '증언'을 하기 위해 형사 공판에서 이용하면서 발전했다. 그런 상황에서 또 다른 의료 전문가들이 그런 범죄화에 반대해 사람들을 변호하려 나선 것은 중요했다. 설령 그들이 (오늘날 우리가 보기에는) 동성애의 생물학적 원인을 여전히 매우 미심쩍은 방식으로 이해했더라도 말이다.

또 중요했던 것은 박해받지 않고 사랑할 권리를 위한 이런 투쟁을 자본주의에 맞선 노동계급의 투쟁과 연결하려 노력했다는 점이다. 카펜터는 수백 명, 때로는 수천 명에 이르는 노동계급 청중에게 정기적으로 연설했다. 이 활동의 중요성은 오스카 와일드 재판 이듬해에 똑똑히 확인됐다. 출판사에서 추문이나 소송을 걱정해 내지 않기로 결정한 카펜터의 《사랑의 성년기》를 맨체스터노동자출판사가 출간해 수천 부를 판매한 것이다.

이런 연대 활동에도 불구하고 "동지들의 사랑"에 기초를 둔 새로운 이상향이라는 꿈과 노동계급 운동의 관계에 대한 카펜터의 생각은 여전히 추상적이었다. "한 시대에 배척받은 자가 다른 시대의 영웅이 된다"는 카펜터의 격언은 조직 노동자보다는 수탈당하고 버림받은 사람들이 새로운 사회를 만들 것이라는 생각을 반영했다. 혁명적 열망과 노동계급의 일상 투쟁 사이의 이런 간극은 영국 좌파의 일반적 약점이었다. 수십 년에 걸친 노동계급의 패배가 영국 좌파 전통에 영향을 미친 것이다.

1880년대에 새로운 투쟁이 시작돼 신노동조합운동이 전투적으로 분출하자 노동계급 저항의 새 국면이 열렸다. 새로운 투쟁은 새로운 성 정치의 시작점이기도 했다. 카펜터와 엘리스, 시먼

즈는 새로운 동성애자 의식의 발전을 향한 중요한 전환을 대표했다. 그러나 운동은 다시 쇠퇴했고 그들의 사상은 노동계급 대중투쟁과 연결되지 못했다.

새로운 동성애자 정체성과 노동계급 운동이 관계를 구축하고 최초의 대규모 동성애자 권리 조직이 탄생한 곳은 세계 최대 노동계급 정당의 근거지인 독일이었다.

chapter 3

성 해방의 두 가지 전통:
독일과 러시아의 개혁과 혁명

20세기 전환기에 독일은 국제 사회주의 운동의 심장부이자 과학적인도주의위원회SHC(세계 최초의 동성애자 권리 조직)의 근거지였다. 과학적인도주의위원회는 1897년 독일의 반동성애법인 형법 175조 폐지를 목표로 선언하며 설립됐다. 가장 중요한 창립자인 마그누스 히르슈펠트 역시 독일 사회민주당SPD 당원이었다. 사회민주당은 100만 당원을 보유하고 정치뿐 아니라 노동계급의 사회·문화적 삶에 지대한 영향력을 미친 세계 최대 노동계급 조직이었다.

사회민주당과 과학적인도주의위원회는 둘 다, 1900년 무렵 세계에서 두 번째로 큰 경제가 된 독일의 급속한 산업화 상황에서 등장했다. 몇몇 도시는 고작 10년 만에 규모가 2배로 커졌다. 이런 도시들에서 노동계급이 수천 명씩 사회민주당에 가입했고 새 도심지들에서 동성애자 하위문화가 번성했다. 예를 들어, 루르와 베를린에서 전기기계와 철강을 중심으로 한 거대 공업단지 주변에 동성애자 지역이 생겨났다.

발전의 속도가 빨라서 옛것과 새것이 아주 극명하게 부딪혔다. 많은 노동자들이 여전히 소도시나 작은 마을에서 살며 일했지만 나머지는 빠르게 대도시와 대량생산으로 빨려 들어가고 있었다. 한때 서로 다른 상업 중심지들을 둘러막던 봉건 장벽이 제거되면서 거대한 도심 공원 같은 공공장소가 새롭게 생겨났다. 그런 곳에서 낡은 제약에서 벗어난 성적 만남이 이뤄질 수 있었다.[57]

그런데 이 모든 발전은 프로이센 군주정 치하에서 일어났다. 프랑스와 달리 독일 부르주아지는 구질서에 맞선 혁명을 승리로 이끌지 못했다. 그들은 그 대신 지주 귀족과 타협하는 데 만족했고, 귀족들은 자본가계급과 공업의 이해관계에 순응하면서도 계속해서 정치적 지배를 유지했다. 이런 타협은 사회의 주요 정치제도에 반영됐다. 남성 보통선거로 의회를 선출했지만 권한은 거의 없었고 황제가 정부 각료를 임명했다. 사회민주당은 1890년까지 불법이었고 그 뒤에도 계속 반#합법 상태였다.

그러나 동시에, 독일 자본주의가 급속히 팽창한 덕분에 지배계급은 불만을 억제하는 수단으로 노동계급에게 양보할 수 있었다. 임금이 인상됐고 자잘한 복지 수당이 도입됐으며 일부 노동조합 조직이 설립됐다. 사회민주당은 반합법 상태였기 때문에 영향력을 쌓을 수 있는 가능한 모든 기회를 모색해야 했는데, 그 결과 노동계급 삶의 모든 영역에 깊이 뿌리내릴 수 있었다. 1900년에 이르면 사회민주당은 90여 종에 달하는 일간지를 냈고, 운동 모임부터 우표 수집 모임까지 아주 다양한 모임을 운영했으며, 상근자 수백 명을 고용하고 있었다.

새롭게 등장한 동성애자 하위문화가 마주한 상황은 노동자 운동이 마주한 모순적 상황과 여러모로 비슷했다. 1871년 독일 통일 전에 남성 간 성관계는 많은 왕국에서 합법이었다. 새로운 독일 국가는 동성애를 전면 금지했지만, 이 시기 동성애자 하위문화가 성장할 수 있는 새로운 도시 지역은 빠르게 확대됐다. 그 결과 하나는 동성애 출판물의 폭발적 증가였다. 1896년에만 320종이 출판됐다. 1914년에 이르면 베를린에 동성애자 술집이 40여 곳 있었고 경찰 추산으로 1000~2000명에 달하는 성매매 남성이 있었다.[58]

사회민주당이 워낙 규모가 컸고 작업장뿐 아니라 사회 전반에 영향력을 미쳤기 때문에 동성애자를 위한 정치 개혁을 이루려 한 히르슈펠트 같은 사람에게 매우 강력한 조직으로 여겨질 수 있었다. 사회주의 운동에는 또한 억압받는 사람들을 지지하는 강력한 전통이 있었다.

수십 년 전인 1860년대 독일에서 소도미법이 도입될 때 사회주의자들은 외설죄로 재판받은 동성애자 J B 폰 슈바이처를 방어했다. 나중에 슈바이처는 전독일노동자협회ADAV 지도자로 선출됐고 곧이어 제국의회 의원에 당선했다.

사회민주당은 1895년에 오스카 와일드가 재판을 받을 때도 와일드를 방어하며 대량 발행하는 신문 지면을 할애해 마녀사냥에 도전했다. 지도적 당원인 에두아르트 베른슈타인은 이 사건을 통해 동성애를 공론화하고 성 정치를 진지하게 다루는 사회주의 정치를 옹호하는 주장을 펼쳤다.

성생활이란 주제가 사회민주주의의 경제·정치 투쟁에서 우선순위가 떨어져 보일지 몰라도 이런 측면의 사회생활을 판단하는 기준을 세울 의무가 없다고 생각해서는 안 된다. … 오늘날 당은 법률 제정에 영향력을 행사할 정도로 강력하고, 당의 논평과 언론을 통해 여론에도 영향을 미치고 있다. … 따라서 오늘날 벌어지는 일에 어느 정도 책임감 있게 나서야 한다.[59]

베른슈타인은 성을 '연구'한 기사를 여러 편 썼고 도덕적 태도라는 게 자연스러운 게 아니라 '역사적 현상'임을 보여 주고자 했다.

과거 로마, 그리스, 이집트와 여러 아시아 지역 사람들은 동성애적 만족을 추구했다. 동성 성교는 매우 오래되고 널리 퍼진 것이어서 모든 인간 문화에서 이 현상을 찾아볼 수 있다.

사회의 더 넓은 경제·사회 관계가 인간의 성에 어떤 영향을 미치는지 살펴보려 한 이런 시도는 매우 중요했다. 당시에는 인간의 성이 조야한 본질주의적 범주에 끼워 맞춰졌고 심지어 성 개혁가들 사이에서도 그와 비슷한 시각이 대세였기 때문이다. 베른슈타인의 주장은 억압과 해방에 대한 사회주의 이론을 새롭게 등장한 피억압 집단에 적용하려는 중요한 시도였다.

사회민주당이 강력했고 동성애자 권리를 지지하는 태도를 취했다는 사실은 세계 최초의 동성애자 권리 조직이 출범하는 데 결정적 영향을 미쳤다.

과학적인도주의위원회는 여러 측면에서 노동계급 대중조직과는 별 관계가 없어 보였다. 히르슈펠트는 의사였고 출판업자와 공무원과 함께 이 단체를 만들었다. "과학을 통해" 동성애자를 위한 "정의"를 쟁취하겠다는 과학적인도주의위원회의 목표는 진보적 개혁가들과 과학자들이 널리 받아들인 생각, 즉 동성애는 타고난 것이고 따라서 죄악도 범죄도 아님을 입증하는 것이 범죄화와 괴롭힘에 대한 최선의 방어책이 될 것이라는 생각을 반영했다.

당시에 과학이 막대한 권위를 누린 점을 감안하면 이런 접근법은 이해할 만한 것이다. 많은 사람들은 과학을 새로운 세계의 원동력으로 여겼는데, 새로운 국가가 과학을 이용해 경제력과 위상을 키우려 한 독일에서 특히 그랬다. 발생학과 호르몬 연구가 발전하고 정신의학이 부상한 것 또한 과학을 통해 성을 이해하고 동성애자 권리를 획득할 수 있다는 낙관론이 커진 배경이었다.

그러나 레즈비언과 게이를 새로운 생물학적 범주로 분류한 것은 섹슈얼리티와 젠더에 대한 최악의 반동적 사상에 일부 타협한 것이기도 했다. 예를 들어, 히르슈펠트는 방대한 연구를 통해 (남녀) 동성애자에게는 남성과 여성의 요소가 공존한다고 주장하는 '제3의 성'이라는 사이비 과학 이론을 발전시켰다. 그러나 레즈비언이 [이성애자 여성보다] 더 남성적이고 게이가 [이성애자 남성보다] 더 여성적이라는 이런 개념은 성소수자 억압을 강화하는 대중적 편견과 성별 고정관념을 인정하는 것이다. 과학적인도주의위원회는 동성애자 권리에 헌신하는 최초의 정치조직이라는 새 지평을 열었지만, 적어도 1960년대까지 이어지며 레즈비언과 게이 억압에 중요한 영향을 미친 의학적 패러다임에 도전하지는 못했다. 그런 생각에 저항하기 시작한 것은 1960년대의 새로운 운동이었다.

과학적인도주의위원회의 개혁주의적 접근법은 이성적 주장으로 정부의 태도를 완전히 바꿀 수 있다는 생각에 기초를 뒀다.

이 전략은 "여론 주도층, … 저명한 과학자, 법률가, 교육자, 작가, 고위 공직자, 성직자"의 서명을 모으는 청원 운동에 집중했다.[60] '명망가' 정치에 대한 이런 강조는 경제·사회적 지위 덕분에 새롭게 나타난 동성애자 정체성을 가장 잘 표현할 수 있었던 중간계급 남성 동성애자들의 열망과 잘 부합했다.[61]

그럼에도, 과학과 의학을 이용해 동성애자 권리를 옹호하려 한 과학적인도주의위원회의 조직적 노력은 20세기 전환기의 중요한 전진을 나타냈다. "동성애자 스스로 자신의 권리를 위한 투쟁에 관심을 갖게 하자"는 과학적인도주의위원회의 목표 또한 꽤 새롭고 흥미로운 일이었다. 이런 개념은 도시가 형성돼 집단적 동성애자 정체성이 등장하고 사회민주당의 정치 전통이 박해받는 소수자의 투쟁을 염두에 둘 수 있는 정치 환경을 조성한 덕분에 생겨날 수 있었다.

처음부터 사회민주당은 과학적인도주의위원회를 지지한 유일한 정당이었다.

[형법 175조 폐지] 청원서의 최초 서명자 다수는 사회민주당원이었고 1898년에 아우구스트 베벨이 청원서를 독일 의회에 제출했다. 의회에서 베벨은 역사상 최초의 동성애자 권리 지지 연설을 했고 동성애가 "모든 사회집단에 아주 깊숙이 퍼져 있다"고 주장해 기성 체제를 충격에 빠뜨렸다. 이어진 의회 토론에서 사회민주당은 나머지 모든 정당의 거센 반대에 맞서 청원서를 지지했다.

사회민주당의 지원은 과학적인도주의위원회가 동성애를 당대의 주요 정치 쟁점으로 만드는 데 결정적으로 기여했다. 1914년까지 동성애를 주제로 10만 권의 서적과 소책자가 출판됐는데, 그 가운데 가장 유명한 소책자 《사람들이 제3의 성에 대해 알아야 할 것》은 1907년에 19판이 나왔다. 같은 해 175조를 다룬 한 토론회에는 2000명이 참석했다. 히르슈펠트의 1903년 성 연구에는 공장 노동자와 학생 수천 명이 참여해 성 행동에 대한 설문에 응답했고, 당시로서는 믿기 어려울 정도로 놀라운 결론이 도출됐다. 적어도 인구의 2.2퍼센트, 즉 독일인 100만 명 이상이 양성애자나 동성애자라는 것이었다!

과학적인도주의위원회는 '동성애자 투표'를 조직하려는 노력을 쏟기도 했다. 175조에 대한 후보자들의 태도를 문제 삼아 다음과 같이 호소한 것이다. "제국의회 선거! 제3의 성 여러분! 이것을 기억하십시오! 1905년 5월 31일 제국의회에서 중앙당, 보수당, 경제동맹의* 의원들은 여러분에게 반대했습니다. 그러나 좌파 연설자들은 여러분을 지지했습니다! 이에 따라 선동하고 투표하십시오!"[62] 1910년까지 동성애자를 자처한 사람이 5000명 넘게 과학적인도주의위원회에 접촉했고 1000명이 가입했으므로 과학적인도주의위원회는 응당 다음과 같이 주장할 수 있었다.

---

* 1907년 반유대주의 세력이 통합해 결성한 당.

침묵과 무시로 문제를 회피하던 시대는 영원히 과거가 됐다. 우리는 이제 토론의 시대 한가운데에 살고 있다. 동성애 문제는 활발한 논쟁을 불러일으키는 진정한 쟁점이 됐고 원만히 해결될 때까지 계속해서 토론될 것이다.[63]

대중의 지지를 일부 획득하는 데 성공하긴 했지만, 히르슈펠트와 과학적인도주의위원회는 동성애자 권리 운동이 세계 최대 노동계급 정당의 수많은 당원들과 체계적으로 관계 맺도록 하지는 못했다. 그 대신 그들은 여전히 기성 체제의 일부가 개혁 입법을 지지하게 만드는 데 골몰했다. 이것은 사회민주당이 지적했듯이 "대체로 집권 중앙당과 편견에 머리를 조아리는" 정치적 보수성을 낳았다.[64]

그러나 정치적 보수성은 히르슈펠트에게만 국한된 문제가 아니었고, 성 정치는 사회민주당 안에서도 끊임없는 논쟁과 분열을 낳았다. 사회민주당은 175조 철폐 요구를 둘러싸고 분열했다. 사회민주당 신문 〈디 추쿤프트〉(미래)는 1907~09년에 일어난 추문인 몰트케-하르덴-오일렌부르크 사건* 당시 사설을 통해 황제의 측근과 고위 장교들의 "은밀한 불륜과 부자연스러운 악행"

---

* 황제의 측근인 오일렌부르크와 몰트케 장군의 동성애 혐의를 둘러싸고 벌어진 수년간의 법정 다툼.

을 여러 차례 비난해 매우 나쁜 구실을 했다. 동성애 행위에 관한 재판과 그에 맞선 명예훼손 소송이 잇달아 열렸다. 비록 반동적이고 비민주적인 정권을 약화시키려는 열망이 동기였다고 해도, 〈디 추쿤프트〉는 몇 달 동안 대중적 논쟁을 지배한 커다란 반反동성애 역풍에 힘을 보태는 구실을 했고, 과학적인도주의위원회의 활동을 수년 전으로 되돌려 놓고 말았다.[65] 이 사건 직후, 독일 기성 체제는 공세를 시작해 1910년에는 여성 간 성행위를 범죄화하겠다고 위협했다.

이런 분열은 어떤 종류의 사회주의를 위해 투쟁하는가, 이를 쟁취하려면 어떤 종류의 투쟁이 필요한가 하는 사상 논쟁과 관련된 사회민주당 내부의 근본적 문제를 반영했다. 이것은 제2인터내셔널 정당들 사이를 가로지른 분열로, 본질적으로 핼 드레이퍼가 "사회주의의 두 가지 전통"이라고 부른 것(사회주의를 계몽된 소수가 위로부터 가져다주는 것이라고 본 사람들 대對 사회주의를 노동자들의 집단적 투쟁을 통해 아래로부터 성취하는 것이라고 본 사람들) 사이의 분열이었다.[66] 독일 사회민주당은 마르크스의 혁명적 전통에 서 있다고 주장했지만 오랫동안 기성 체제 안에서 당원을 늘리고 여러 기구를 건설하면서 점차 개혁주의적 습성에 물들었다. 당 지도자인 에두아르트 베른슈타인과 카를 카우츠키는 사회주의자들의 의회 진출에 중점을 두는 사회주의로 가는 점진적 방식을 주장했다. 이런 태도는 투쟁과 파업 수준이 낮은 상황과 결합돼 더욱 심화됐다. 사회민주당은 "권력에 침투하지도 권력을 날려 버리지도 못했다."

심지어 사회민주당이 성 정치에 관해 가장 훌륭한 태도를 보였을 때도 자본주의에 서서히 순응하면서 생겨난 보수성이 드러났다. 노엘 핼리팩스가 지적했듯이,

사회민주당은 사회 속의 사회라 할 만한 수많은 단체를 거느리고 있었고 상당수 노동계급에게 확고히 뿌리내리고 있었다. 사회민주당은 억압의 물질적 토대(즉, 가족)를 비판하지 않았다. 사회민주당은 자본주의 사회구조 안에서 건설됐고 핵가족은 사회민주당이 가장 깊숙이 뿌리내린 상부구조의 하나였다. 성 해방을 위한 투쟁이 이성애자나 동성애자 같은 분류가 의미를 잃고 가족의 중요성이 사라지고 공적인 삶과 사적인 삶의 분리가 사라지는 사회주의적 전망을 뜻한다는 생각은 대다수 사회민주당 당원들에게는 낯선 것이었다.[67]

이것은 또한 사회민주당이 반동적 사상부터 진보적 사상과 혁명적 사상까지 모든 정견을 아우르는 당이 됐음을 뜻했다. 따라서 당내 우파였던 히르슈펠트는 사회민주당 당원들이 자신의 대의를 가장 앞장서서 지지했는데도 여전히 개혁 입법을 위해 명망가들에게 호소하는 협소한 접근 방식에 매달렸다. 그런 전

략은 반동성애법 폐지라는 제한적 목표조차 쟁취할 수 없다는 것이 입증됐을 뿐 아니라 인류 역사상 최악의 재앙 가운데 하나인 제1차세계대전을 지지하는 것으로 이어지고 말았다.

전쟁이 발발하자 좌파 전체가 위기에 빠졌다. 불과 2년 전 제2인터내셔널 소속 정당들은 만장일치로 전쟁에 반대했다. 그러나 1914년에는 러시아와 벨기에 조직만 빼고 모두 전쟁을 지지했다. 히르슈펠트도 이 노선을 따랐고 전장에서 수백만 명이 학살될 것이 뻔한 상황에 대해 다음과 같이 답했을 뿐이다.

우리는 만일의 사태에 대비해야 하고 물론 대비하고 있습니다. 그러나 필요한 것은 우리가 바라는 대로 전쟁이 신속하게 승리로 끝나고 국내에서 개혁을 위한 노력을 다시 시작해야 할 때, 따라서 동성애자 해방 투쟁 또한 다시 시작해야 할 때, 위원회가 살아남을 수 있어야 한다는 것입니다.[68]

좌파의 투항은 무엇보다 전선에서 도살당한 수백만 명의 사람들에게 비극이었지만, 동성애자 권리 운동부터 노동조합까지 모든 진보 운동과 조직의 투쟁을 과거로 되돌렸다는 점에서도 비극이었다.

지배계급은 경제 전체를 전시경제로 만들었다. 크리스 하먼이 지적했듯이, "40년에 걸친 완만한 진보가 악몽 같은 퇴보로 바뀌었다." 사람들을 전쟁에 동원하고 반대 목소리를 억누르기 위해 엄청난 애국주의 열풍을 부추겼고 혹독한 내란죄를 도입해 시민적 자유를 짓밟았다. 투쟁을 자제하라는 압력이 엄청나게 컸다. 노동조합과 사회주의 지도자들은 압력에 굴복해 '사회적 타협'을 했다. 전쟁 때문에 활동가들이 고갈됐고 좌파 사이에 엄청난 혼란이 생겨났다. 과학적인도주의위원회 활동가 가운데 절반 정도가 전선으로 보내졌고 사회민주당원과 노동조합원 수는 절반으로 감소한 것으로 추정된다.[69]

전쟁이 길어지면서 늘어나는 전사자 수와 국내의 굶주림 때문에 불만이 자라나기 시작했다. 빵을 요구하는 행진과 전쟁에 반대하는 주장이 결합되기 시작했다. 반란의 기운이 유럽 전역에서 감돌았다. 그러나 반란이 분출한 곳은 독일이 아니라 러시아였다.

1917년 러시아: 억압받는 사람들의 축제

1917년 10월 러시아 혁명은 전쟁과 압제, 빈곤에 맞선 반란이었을 뿐 아니라, 성 해방을 위한 투쟁에서 전례 없는 진보를 가능케 한 사건이기도 했다.

20세기 초 러시아는 동성애자 해방의 성공을 기대할 수 없는 곳으로 보였다. 러시아는 지독하게 가난하고 불평등하며 억압적인 반봉건 국가였고 전제군주인 차르가 통치했다. 대다수 사람들은 지방 영주와 교회, 성적 보수주의가 지배하는 고립된 소규모 촌락에서 농사를 지으며 참담하게 살았다. 여성은 거의 아무런 권리도 누리지 못했다. 남편은 법적으로 아내를 매질할 권리가 있었다. 소도미는 추방이나 시베리아 강제 노역에 처할 수 있는 범죄였다. 여성 동성애는 법에 언급도 되지 않았고 대도시 중심부 밖에 사는 대다수 사람들에게는 동성애라는 개념조차 낯설었다.

그러나 동시에 러시아의 여러 지역에서는 산업화가 급속하게 진행됐고 일부 대도시에서는 사람들이 수세기 동안 이어진 낡은 가족의 속박과 사회통제의 제약에서 벗어나 새로운 성적 경험과 관계를 맺을 기회를 모색하기 시작했다. 예를 들어, 1907년 당대의 한 비평가는 상트페테르부르크의 "작은 동성애자 세계"를 언급했다. 그는 대중목욕탕, 무도회, 파티, 공원 등 크루징[*]이 이뤄지는 공공장소를 나열했다. 이런 공공연한 행위는 대부분 남성에게만 가능했지만 여성도 부유한 여성 사교 모임부터 남성 노동자처럼 차려입고 생활한 레즈비언 여성까지 다양한 환경에서 자신들의 섹슈얼리티를 모색할 기회를 발견했다.

---

[*] 동성애자들이 많이 모이는 특정 장소에서 데이트 상대를 찾는 일.

이런 동성애자 하위문화는 가난과 착취, 그리고 시장 관계가 삶의 다양한 영역으로 점점 더 확산되는 혹독한 상황을 배경으로 발달했다. 여성 동성애 관계에 대한 기록이 가장 많이 발견되는 영역은 성매매 여성과 감옥이다. 남성 간 성관계의 많은 수는 상층계급 남성이 '아랫사람'(생계가 쪼들리는 노동자나 병사)에게 성관계의 대가로 돈을 지불하는 형태였다. 일부 대중목욕탕에는 고급 성매매 집단이 존재했다. 그러나 이런 돈거래가 아니더라도 사람들은 동성 간의 친밀한 관계에서 즐거움을 누리고 때로 동거를 선택한 것으로 보인다.

1905년에 일어난 혁명은 실패했지만 성에 대한 새로운 생각을 고무했고 개혁 입법을 요구한 사람들의 자신감을 북돋았다. 또 혁명 뒤에 검열이 완화되면서 성에 대한 새로운 생각을 논의할 수 있는 공간이 열렸다. 그러나 독일과 달리 동성애자 운동이나 현대적 동성애자 의식과 비슷한 것은 전혀 나타나지 않았다.

그런데도 1917년 혁명으로 탄생한 신생 노동자 정부의 첫 조치 가운데 하나는 동성애 비범죄화였다. 이것은 사람들의 삶을 낡은 법률과 미신의 압제에서 해방하려는 노력의 일환이었다. 또 혁명정부는 결혼을 간편한 등록 절차로 바꾸고 [한쪽의] 요청에 따른 이혼을 허가했으며, 동의연령을 성적 성숙이라는 개념으로 대체하고 사생아에 대한 법률적 차별을 철폐했다. 1920년에는 낙태도 합법화했다.

볼셰비키 지도자 그리고리 바트키스는 1923년에 쓴 소책자 《러시아의 성 혁명》에서 다음과 같이 설명했다.

혁명은 노동계급이 정치적 구실을 획득하는 정치 현상으로서 중요할 뿐 아니라, 삶의 모든 영역에 또 다른 혁명을 불러일으키기 때문에도 중요하다. … [소비에트 법률은 — 지은이] 타인에게 해를 끼치지 않고 타인의 이익을 침해하지 않는 한 성적 관계에 국가와 사회의 완전 불개입을 선언한다.[70]

교회든 국가든 성 문제에 간섭해서는 안 된다는 생각은 당시에는 매우 선구적이었다. 그러나 그것이 혁명적일 수 있었던 것은 그 생각이 억압의 구조를 모조리 뿌리 뽑고 사회의 자원을 동원해 모든 사람이 개인의 삶과 성적 관계에서 진정한 선택권을 누릴 수 있게 하려는 수백만 명의 실천적 투쟁과 연결됐기 때문이다.

이 투쟁의 핵심은 여성의 감옥이자 성 억압의 근원인 가족의 구실을 약화시키는 것이었다. 그러나 이것은 단지 포고령만으로는 이뤄질 수 없었다. 혁명의 지도자이자 혁명의 성과를 지킬 책임을 맡은 적군 사령관 트로츠키가 주장했듯이,

가족을 급진적으로 개혁하고 더 일반적으로 가정생활의 질서 전반

을 급진적으로 개혁하려면, 노동계급 대중 전체가 엄청나게 의식적으로 노력해야 하고 계급 자체에 문명과 진보를 향한 내적 욕구의 강력한 분자력[상호작용]이 있어야 한다. 무거운 흙덩이를 갈아엎으려면 쟁기질을 깊게 해야 한다.[71]

가족을 급진적으로 개혁하려면 여성의 구실이 가장 중요했다. 2월 혁명(차르를 무너뜨리고 10월의 노동자 권력으로 나아가는 출발점이 된)을 촉발한 것도 여성들이 조직한 파업이었다. 레닌은 작업장부터 정치 지도부까지 모든 수준에서 여성의 참여가 언제나 "혁명의 척도"가 돼야 한다고 주장했다. 여성 권리를 증진하는 활동을 벌이기 위해 여성부(제노텔)가 신설됐다. 여성이 독립적으로 살아가는 데 필요한 기본적 능력을 갖추게 하려고 읽기, 쓰기, 산수를 가르쳤다. 선전 열차와 선박을 벽지로 보내 미술, 무용, 영화, 연극을 이용해 평등의 메시지를 설파했다. 집단 보육 시설과 공동 식당을 세워 여성을 고된 가사에서 해방했다. 성매매를 비범죄화하고 협동조합을 조직해 성매매를 하던 여성들에게 집과 의료 혜택, 직업훈련, 다른 일자리를 제공했다. 인간의 필요를 집단적으로 충족하려는 사회에 모든 사람이 동등한 시민으로 참여하도록 장려했다.

이런 조치들은 또한 새로운 성의 관계를 창조하는 초석이 될 것이었다. 볼셰비키 지도자이자 사회복지 인민위원이었던 알렉

산드라 콜론타이는 "모든 물질적 요소, 온갖 돈 문제를 씻어 낸" 새로운 성의 관계를 주장했다.[72]

콜론타이는 가족과 자유로운 사랑을 다룬 여러 소책자에서, 계급사회에서 인간의 성적 관계가 사유재산, 불평등, 빈곤 때문에 어떻게 왜곡되는지 보여 줬다. 사유재산 개념은 여성을 남성의 소유물로 보는 결혼관으로 확대되고 모든 인간관계에서 질투와 소유욕을 만들어 낸다. 불평등은 평등한 관계를 위한 기반을 약화시키고 빈곤은 궁핍과 생존의 온갖 속박으로 사람들을 불행한 관계에서 벗어날 수 없게 만든다. 따라서,

남녀 관계와 이런 관계를 결정하는 도덕률에 도전하려는 노력은 사회적 투쟁의 거듭되는 특징이었다. 그리고 특정 사회집단에서 개인 관계가 조직되는 방식은 적대하는 사회 계급들이 벌이는 투쟁의 결과에 결정적 영향을 미쳤다.[73]

이런 문제들을 중시한 것은 주요 산업부터 일상생활의 문제까지 모든 분야를 아우른 혁명으로 새로운 지평이 열린 것을 반영했다. 혁명은 사회에서 가장 억압받는 집단에 속하는 여성, 청년, 유대인, 피억압 민족이 전면에 나서는 과정이었다. 동성애자도 마찬가지였다.

역사가 댄 힐리는 다음과 같이 설명했다. "1917년 이후 소비에

트 자료를 보면 … 러시아에서 자신을 동성애자로 규정한 사람들이 혁명 덕분에 국가가 개인의 동성 관계를 부정하던 상황이 종식되고 사랑할 권리를 누리게 됐다고 생각했음을 알 수 있다."[74] "동성애자들 사이에서는 이것[러시아 혁명]을 자신들의 혁명으로 보는 정서가 있었다. 의학 논문에서 읽은 쿠르스크의 한 드랙퀸이* 떠오르는데, 정말로 내전과 혁명이라는 상황 덕분에 아주 거리낌 없이 별나게 행동할 자유가 생겼다고 이해하는 듯했다."[75]

혁명 전에 남몰래 결혼한 두 여성은 결혼을 인정받았는데, 영국에서 시민동반자제도가 도입되기 88년 전이었다. 그중 한 명인 예브게니아 페도로브나는 나중에 "더는 [우리 ─ 지은이] 자신의 의식 부족이나 프티부르주아적 편견 때문에 억압받거나 억눌리지 않는 … 동성 간의 사랑"을 인정할 것을 주장했다.[76]

신생 공산당 정부는 히르슈펠트의 연구소와 연계를 맺고 베를린(1921년), 코펜하겐(1928년), 런던(1929년), 빈(1930년)에서 열린 세계성개혁동맹 국제회의에 대표단을 파견했다. 이 회의들에서 러시아는 전 세계 성 개혁 운동이 본받아야 할 모범으로 제시됐다.[77]

러시아에서 사람들이 자신의 성생활을 표현할 수 있는 새로운 자유를 얻은 것은 노동계급이 이끈 더 큰 사회혁명의 일부였

---

* 여장 남성.

다. 그것은 엥겔스가 예견한 대로 "억압받는 사람들의 축제"였다.

세상의 틀을 새로 짜기 위한 그 투쟁에서 볼셰비키당은 성 해방에 대한 최상의 사회주의 전통을 몇 가지 적용하려고 분투했다. 공상적 사회주의자들은 인류가 사랑과 동지애에 기초한 관계를 창조할 수 있는 새로운 사회를 꿈꿨다. 러시아의 노동자 권력은 현실에서 이런 것을 실험할 수 있는 토대를 만들어 냈다. 초기 사회주의자들은 가족제도에 도전했고 여성 억압과 성 억압을 한 계급이 다른 계급에 예속된 더 넓은 상황과 연결해서 이해했다. 러시아 혁명은 가족제도를 뿌리 뽑고 '철창'에 갇힌 젠더와 성의 관계를 해방하려 한 영웅적 투쟁을 보여 줬다. 독일 사회민주당은 세계 최초의 동성애자 운동이 성장하는 데 핵심 구실을 했다. 볼셰비키는 이 운동과 관련 맺었고 성 해방에 기여한 공로를 국제적으로 인정받게 됐다.

이 모든 것에는 거대한 투쟁이 필요했다. 혁명은 하룻밤 사건이 아니라 하나의 과정이다. 낡은 것은 단숨에 새것으로 대체되지 않는다. 여성 억압과 성적 제약은 오래된 편견과 구조에 뿌리를 두고 있고 인간의 가장 개인적인 감정들과 밀접하게 엮여 있어서 특히 그렇다. 트로츠키가 주장했듯이, 노동계급은 정치와 경제에서는 "집단적으로" 행동할 능력이 있고 착취의 압력 때문에 그런 일이 흔히 벌어진다. 그러나 "가정생활에서 노동계급은 가족이라는 단위로 나뉘어 있다." 러시아는 여전히 인구의 80퍼센트 이상이 작고 외딴 시골 마을에서 살았다. 트로츠키는 혁명이 최고조에 달했을 때조차 "개인의 도덕, 가족, 일상생활에 농노제의 낡고 더러운 잔재가 적잖이 남아 있었다"고 한탄했다.[78]

경제 붕괴, 기근, 전쟁이라는 참혹한 조건 때문에 새로운 세계를 건설하려던 노력은 난관에 부딪혔고 혁명은 이에 필사적으로 맞서 싸워야 했다. 사회주의의 기본 전제는 계급 불평등이 없는 사회를 건설할 수 있는 물질적 조건이 존재할 때만 억압으로부터 해방을 성취할 수 있다는 것이다. 러시아는 경제적으로 후진적이었기 때문에 독일 같은 선진 경제로 혁명을 확산하는 것이 필수적이었다. 그러나 그사이 새로운 노동자 민주주의는 구체제와의 내전에 직면했고 국제 자본가계급의 극심한 공격을 받았다. 국제 자본가계급은 14개국 군대를 동원해 침략했다. 혁명은 이런 전투에 사람과 자원을 계속 빼앗겼다. 그 결과 심지어 사람들이 새롭게 누리던 개인적 자유에도 일부 모순적 효과가 나타났다. 가족 해체는 가족 구성원을 해방할 수도 있었지만, 극도로 궁핍한 조건에서는 지독한 생존경쟁에 내모는 결과를 낳을 수도 있었다.

이런 어려운 상황에서도 사람들은 급진적 변화를 위해 투쟁했다. 국제 언론은 심지어 볼셰비키가 도덕적으로 타락했다고 비난했다. 러시아에서 [한쪽의] 요청에 따른 이혼이 가능한 게 사실인지 묻는 한 미국 기자의 질문에 트로츠키가 다른 나라에서는 그렇지 않은 게 사실이냐고 대답한 일화는 유명하다. 그러나 내전과 기근이라는 조건 때문에 삶의 모든 영역을 혁명적으로 바꾸려던 볼셰비키의 투쟁은 매우 현실적인 한계에 부딪혔다.

볼셰비키를 제약한 또 다른 요인은 러시아라는 나라의 특수성이었다. 독일과 달리 러시아는 동성애자 운동은 고사하고 동성애자 정체성조차 거의 등장하지 않은 상태였다. 이 때문에 러시아에서는 동성애 문제를 둘러싼 토론과 투쟁의 전통이 혁명에 앞서 발전하지 못했다. 성 문제에 관해 가장 많은 저술을 남긴 알렉산드라 콜론타이조차 동성 관계에 대해 명시적으로 얘기한 적이 없다. 혁명이 자연스럽게 발전해 새로운 성의 자유가 도입될 수 있었다면 어떤 변화가 일어났을지 우리는 알 수 없다. 언젠가 콜론타이가 설명했듯이, "'새로운 도덕에 따라 산다'는 변명은 아무에게도 도움이 되지 않는다. 새로운 도덕은 아직 형성 과정에 있을 뿐이기 때문이다."[79]

그렇지만 볼셰비키와 러시아 혁명은 진정한 성 해방의 성취를 정치·역사의 의제로 올렸다. 볼셰비키는 혁명이 모든 사람의 해방에 전적으로 헌신해야 한다고 봤고 따라서 국가, 종교, '도덕'이 섹슈얼리티와 성의 관계에 간섭해서는 안 된다는 견해를 출발점으로 삼았다. 동성애를 비범죄화하고 동성 결혼을 인정하고 트랜스젠더와 동성애자가 자신을 마음껏 표현할 수 있는 분위기를 조성한 것은 모두 이런 태도에서 비롯한 것이다. 이 덕분에 볼셰비키는 독일에서 최초의 동성애자 운동(여전히 반동성애법 철폐를 위해 투쟁하고 있었다)이 이룩한 성과를 훌쩍 뛰어넘어 세계에서 성적 권리가 가장 발전한 나라로 인정받을 수 있었다. 혁명 과정에서 볼셰비키가 성취한 일련의 급진적 변화들은 오늘날의 활동가들에게도 여전히 영감을 준다.

독일 혁명이 보여 준 희망

러시아의 새로운 노동자 권력은 전쟁 종식을 열망하고 자신들을 무의미한 학살로 몰아넣은 정권에 분노하던 전 세계 노동자와 피억압 민중에게 갈 길을 보여 줬다. 1918년 초 미국의 한 고위 외교관은 다음과 같이 고백했다. "볼셰비즘이 도처에서 득세하고 있다. … 우리는 화약고 위에 앉아 있고 언젠가 불씨 하나가 그것에 불을 붙일지도 모른다."[80] 독일에서 그 불씨는 킬에서 일어난 수병 반란이었다. 노동자 수천 명이 반란을 지지하며 파업을 벌여 킬은 혁명의 중심이 됐고 수병평의회가 세워졌다. 반란이 봇물 터지듯 일어났다. 브레멘, 함부르크, 하노버, 쾰른, 라이프치히, 드레스덴, 그리고 1918년 11월 9일 마침내 베를린에서 수병, 병사, 노동자가 거리로 쏟아져 나왔다. 황제는 도망쳤고 전쟁이 끝났으며 보통선거에 기초한 공화국이 선포됐다. 독일 전역에서 노동자평의회와 병사평의회가 생겨났다.

히르슈펠트는 이런 투쟁들이 성 해방에 미친 영향을 다음과 같이 설명했다. "1918년의 여러 사건은 동성애자 해방 투쟁에 분명한 영향을 미쳤다. … 과학자 집단을 넘어서 동성애자 조직이 생겨났고 … 동성애자의 권리를 위해 투쟁하기 시작했다."[81]

과학적인도주의위원회는 "모든 혁명적 사건에 가장 활발하게 참여했고" 황제가 퇴위한 날 히르슈펠트는 제국의회 앞 대중 집회 연설에서 "인종주의와 애국주의"를 "사회주의 공화국"으로 대체해야 한다고 주장했다. "사회주의는 연대, 공동체, 상호 의존이며 사회가 사람들의 연합체로 더욱 발전하는 것을 뜻합니다. 모두를 위한 하나, 하나를 위한 모두!" 이렇게 말한 뒤 히르슈펠트는 "위대한 선구자 라살레, 마르크스, 엥겔스, 베벨, 리프크네히트, 징거, 조레스"에게 경의를 표했다.[82]

새 정부에 파견된 대표단은 수감된 동성애자를 모두 석방하라고 요구했다. 혁명 덕분에 개혁가들은 자신감을 회복했고 투쟁을 전진시키기 위해 독일 동성애자 단체들의 '공동전선'을 결성하려 했다. 이 공동행동위원회는 심지어 마르크스와 국제 노동자 운동의 언어를 쓰며 다음과 같이 선언했다. "요컨대 여러분은 스스로 자신의 권리를 쟁취해야 한다. 여러분을 위한 정의는 결국 여러분의 노력으로만 결실을 맺을 것이다. 동성애자 해방은 오로지 동성애자 스스로 쟁취할 수 있다."[83]

히르슈펠트가 "혁명의 아이"라고 즐겨 부른 성과학연구소가 설립됐다. 1920년에 자율공동체라는 단체가 낸 간행물의 표제는 "만국의 우라니안이여 단결하라!"였다. 히르슈펠트는 이어서 1921년에 세계성개혁동맹을 창설했다. 그 뒤 국제 순회 연설회가 잇달아 열렸는데 1922년 네덜란드 순회에서는 헤이그 연설회에 900명이 참가했고 빈 연설회에는 2000명이 넘게 참가해서 자리를 못 잡은 수백 명은 발길을 돌려야 했다.[84] 최초의 동성애자 권리 영화인 〈남들과 다른 이들〉이 제작되는 등 다양한 창의적 활동이 벌어졌다.

바이마르공화국 시기의 독일, 특히 베를린에서는 동성애 하위문화가 그 어느 때보다 공공연하게 모습을 드러냈다. 세계 곳곳에서 동성애자를 포함한 수많은 사람들이 베를린의 급진적 분위기에 매료돼 몰려들었다. 슈테판 츠바이크는 다음과 같이 썼다. "화장한 젊은 남성들이 쿠담 거리를 따라 거닐었다. … 어둑한 술집에서는 정부 관리들과 금융인들이 술에 취한 수병들에게 아무 거리낌 없이 다정하게 구애하는 모습을 볼 수 있었다." 프랑스 대사 앙부아 고트는 베를린의 "쾌락의 소용돌이, 즐거움을 향한 거친 질주"에 관해 얘기했다.[85] 동성애자 단체와 출판물이 번성했다. 동성애자 연극 집단인 '에로스 극단'이 1921년에 만들어져 크리스토퍼 말로의 《에드워드 2세》와 레즈비언 관계 때문에 가족을 떠나는 한 여성을 다룬 연극 등을 공연했다.

그렇지만 "유럽에서 가장 즐거운' 도시"는 매우 불안정한 상황에 처해 있었다. 베를린은 진정 1919년 혁명의 아이였지만 1920년 여름 무렵에는 혁명의 기세가 꺾인 상태였다. 1923년에도 다시 한 번 혁명이 일어났지만 상황을 타개하지는 못했다. 이런 심각한 패배의 여파로 독일의 '황금의 1920년대' 이면에서 정치 양극화와 휘발성이 점점 커졌다.

사회민주당은 이런 상황에서 몹시 수치스러운 구실을 했다. 사회민주당은 독일 의회에서 전쟁공채 발행에 찬성표를 던져 수백만 명을 제1차세계대전의 참호에서 학살당하게 만든 바 있었다. 독일 전역에서 노동자들이 이런 미친 짓에 맞서 봉기해 사회를 통제하기 시작하자 사회민주당 정부는 용병대인 자유군단을 동원해 노동자 수천 명을 학살했다. 공산당KPD 지도자인 로자 룩셈부르크와 카를 리프크네히트는 살해당했다. 자유군단은 나중에 쿠데타를 시도했고 히틀러 나치 돌격대의 초기 중핵을 이룬다.

이 전투에서 히르슈펠트는 확고하게 사회민주당 우파를 지지했고 과학적인도주의위원회는 (혁명을 분쇄하는 데 중심적 구실을 한) 프리드리히 에베르트의 1919년 공화국 초대 대통령 취임을 축하하기까지 했다.[86] 이것은 히르슈펠트가 의회 앞 집회 연단에서 표명한 사회주의적 미래라는 원대한 희망을 배신한 것이

---

* 동성애자를 뜻하는 gay라는 형용사는 밝고 즐겁다는 뜻이기도 하다.

었다. 또 그런 행위가 동성애자 권리 투쟁에 미칠 악영향을 완전히 간과한 것이었다. 이제 정부에 들어간 사회민주당 개혁주의 지도자들은 동성애자 권리에 대해 전쟁 전 견해에서 후퇴해 훨씬 더 의심스러운 구실을 하더니 1919년에는 남성 간 성행위를 5년 형에 처하는 법을 만드는 데 동의했다.

이 시기에 급진적 성 정치를 이어받은 것은 공산당이었다. 공산당은 혁명적 사회주의전통을 지키며 "노동계급은 지배계급이 노동계급을 통제하려고 만들어 내는 [동성애자 등 — 지은이] 온갖 속죄양에게 연대해야 한다"고 촉구했다. 리하르트 린세르트, 펠릭스 할레, 빌헬름 라이히 같은 많은 공산당원들이 과학적인도주의위원회에서 지도적 역할을 맡아 노동계급 운동이 동성애자 권리를 지지해야 하는 이유를 설명하는 아주 명확한 주장을 발전시켰다.

소유 이데올로기의 영향을 받지 않고 교회의 이데올로기에서 자유로운 계급의식적 프롤레타리아는 전체 사회구조를 이해해 성생활 문제와 동성애 문제에 편견 없이 접근한다. … 현대의 과학적 통찰에 맞게 프롤레타리아는 이런 관계를 성적 만족의 특수한 형태로 간주하고 이런 형태의 성생활에 이성 간 성행위와 똑같은 자유와 제약을 요구한다.[87]

그러나 이처럼 좌파의 강력한 지지를 받았는데도 과학적인도주의위원회 지도자들은 그런 연계를 약화시키려 했다. 의장 쿠르트 힐러는 다음과 같이 주장했다. "위원회 활동을 도우려 한다면 왕당파도 사회주의 공화주의자와 꼭 마찬가지로 환영해야 하고, 엄격한 가톨릭교도도 아나키스트 자유 사상가와 마찬가지로 환영해야 하며, 공산주의자도 부르주아 자유주의자와 마찬가지로 환영해야 한다."[88] 물론 단일 쟁점을 놓고 폭넓은 세력과 단결하려 하는 것은 잘못이 아니다. 그러나 단결의 조건은 중요하다. 실천에서 과학적인도주의위원회는 가장 우파적이고 반동적인 사회 세력을 추수하는 전략을 추구하고 있었고 이 때문에 투쟁을 효과적으로 건설할 수 없었다.

그 결과 과학적인도주의위원회와 많은 지도적 활동가들은 독일에서 제기된 지극히 중요한 여러 정치 쟁점에 제대로 대응하지 못했다. 심지어 나치도 회원으로 용인했다. 1927년 7월 나치가 의회 연설에서 동성애를 비난한 뒤 과학적인도주의위원회는 다음과 같은 성명을 냈다. "우리는 국가사회주의독일노동자당[히틀러의 당 — 지은이] 안에 있는 많은 우리 회원들에게 자신의 대표들이 자중하도록 강력히 요구할 것을 촉구한다."[89]

히르슈펠트를 폭행하고 공공연히 자랑한 조직에 이렇게 공손한 태도를 취한 것은 매우 위험했다. 히르슈펠트는 유대인 동성애자라는 이유로 총에 맞기도 했고 나중에는 두들겨 맞은 채 거리에 버려졌다.

당시 많은 사람들은 나치를 비주류 조직으로 여겼고 동성애자에 대한 분명한 위협으로는 더더욱 생각하지 않았다. 나치 돌격대 지도자인 에른스트 룀이 동성애자였고 히틀러 청소년단은 호모 청소년단이라는 별명이 있었다. 좌파는 전반적으로 히틀러 조직의 성격과 그에 대항하려면 어떤 종류의 운동이 필요한지를 명료하게 이해하지 못했다. 러시아 혁명가 트로츠키는 둘 모두에 대한 날카로운 분석을 발전시켰지만 망명 중이었고 현실의 사태에 영향을 미칠 수단이 없었다. 그사이 히틀러가 1920년대에 체계적으로 건설한 작은 조직은 순식간에 역사의 무대 위로 올라와 버렸다.

1930년대는 모든 도시의 거리에서 희망의 세력과 절망의 세력이 맞붙은 10년이었다. 그것은 혁명과 반혁명이 격렬하게 투쟁한 10년이었다. 그 싸움은 반혁명의 승리로 끝나 전 세계를 또 다른 전쟁으로 몰고 갔고 1914~18년의 학살을 무색케 하는 야만이 벌어졌다.[90]

나치의 부상

이미 경제 위기를 겪던 독일은 1929년 월 가 주가 폭락으로 더욱 심각한 위기에 빠졌다. 1932년까지 공업 생산량이 42퍼센트 감소했고 노동자의 3분의 1가량이 실업자로 전락했다. 중간계급과 소상공인 수백만 명이 파산했다. 이 때문에 나치가 엄청나게 부상했다. 전국 투표에서 나치의 득표는 1928년 2.6퍼센트에서 1930년 18.3퍼센트로 증가했고 1932년에는 37.1퍼센트로 곱절이 됐다. 또 나치는 1932년에 40만 명에 달하는 거리 전투부대를 거느리고 있었다.[91]

나치의 핵심 기반은 상점주, 소상공인, 실업자였다. 이들은 위기가 닥치자 자신들의 사회적 지위 때문에 고립될 수밖에 없었다. 파시스트 거리 집회는 그들에게 산산조각 난 세계에서 힘과 질서를 느끼게 해 줬다. '유대인' 자본주의, '외국인' 자본주의, 볼셰비즘에 대한 나치의 비난은 강력한 노동계급 운동과 대기업의 권력 사이에 짓눌려 있다고 느껴 분노한 프티부르주아 계급에게 특히 잘 먹혀들었다. 그런데 위기가 심해지자 지배계급의 일부가 나치를 노동계급의 힘을 분쇄할 수단이자 독일 경제의 수익성을 회복할 열쇠로 보기 시작했다.

1933년 1월 히틀러가 총리로 임명됐다. 그는 재빨리 노동계급 조직과 민주주의 조직의 핵심 투사들을 제거하는 조치를 취했다. 공산당원들은 일제히 검거돼 수용소로 보내졌다. 히틀러 당의 당원들을 기꺼이 과학적인도주의위원회에 받아들인 쿠르트 힐러도 오라니엔부르크 강제수용소로 보내졌다. 6개월 만에 모든 시민권이 박탈됐고 노동조합이 금지됐으며 일당 국가가 수립됐다.

노동자 조직을 파괴하는 것과 동시에 나치는 사회 계급들을 하나의 민족으로 통합하려는 이데올로기를 발전시켰다. 나치 이데올로기는 가공의 인종적 순수성과 가족을 찬미했다. 유대인, 좌파, 동성애자는 황금시대를 가로막고 있다는 비난을 뒤집어썼다. 여성은 어머니와 아내 역할로 격하됐다. 히틀러는 여성 해방을 타락으로 여겼다.

노동계급 조직과 함께 동성애자 조직도 금지됐다. 동성애자들은 유대인과 사회주의자들과 함께 낙인찍히고 구타당하고 끌려갔다. 나치는 히르슈펠트의 연구소를 "비할 데 없는 쓰레기 외설물의 온상"이라며 분서焚書 운동의 첫 대상으로 삼았다.

형법 175조는 "입맞춤, 포옹, 동성애를 상상하는 것"을 포함한 9가지 위반 행위를 포괄하는 것으로 확대됐다. 누구든 자신이 동성애를 생각하지 않았음을 입증하기는 어려웠기 때문에, 이 조항은 정권이 맘에 들지 않는 사람을 처리하는 편리한 수단이었다. 한 남성은 공원에서 이성애자 연인의 성관계를 지켜봤다는 이유로 체포됐는데 남성에게 관심이 있었다는 죄목으로 유죄 판결을 받았다. 기소가 10배로 급증했고 재범자는 거세를 당했다. 형을 살고 난 뒤에도 대다수 남성 동성애자는 강제수용소에 억류됐다. 나치당에서 동성애자들이 축출됐고 룀은 살해당했다

('장검의 밤' 사건). 1937년에 나치 친위대 신문 〈다스 슈바르체 코어〉(검은 군단)는 독일에 동성애자가 200만 명 있다고 주장하며 이들을 수용소에 가두라고 요구했다.

게슈타포* 수장인 하인리히 힘러는 자신들이 동성애자들에게 한 짓을 다음과 같이 묘사했다. "단지 비정상적인 생물을 멸종시키려 했을 뿐이다. 쐐기풀을 뽑아 모은 뒤 태워 버리듯이 그것을 제거해야 했다."[92]

나치는 놀라울 정도로 현대적이고 자본주의적인 방식을 동원했다. 산업자본주의가 부상하면서 구축된 인종과 섹슈얼리티에 대한 생물학적 범주가 체계화됐다. '인종의 순수성' 보호를 목표로 삼는 우생학을 내세우고 자녀 수로 여성의 등급을 매기는 등 부르주아 사회의 기반인 민족과 가족을 극단적으로 강조했다.

공업 생산 라인의 논리가 강제수용소와 1100만 명의 몰살에 적용됐다.

나치는 심지어 죽음의 수용소에서조차 위계질서를 만들었다. 유대인, 사회주의자, 동성애자, 그 밖의 집단에 서로 다른 표식을 달아 식별했다. 남성 동성애자(분홍색 역삼각형)와 레즈비언(검정색 역삼각형)의 표식은 그들이 최하층임을 나타내려고 1인치 더 길게 만들어졌다. '프로젝트 핑크'가 진행돼,

---

* 나치 독일의 비밀경찰.

동성애자는 제거 대상으로 분류됐고 수용소에서 삼중의 규율 아래 놓였다. 삼중의 규율이란 더 적은 음식, 더 많은 노동, 더 엄격한 감시를 뜻했다. 분홍색 역삼각형을 단 수감자가 아프면, 죽음을 피할 수 없었다. 진료소 방문은 금지됐다.

레즈비언은 수용소에서 성 노리개로 일해야 했고 거듭 강간당했다. 남성 동성애자는 천천히, 고통스럽게 일하다 죽었다. 홀러코스트 생존자인 L D 클라센 폰 노이데크는 훗날 다음과 같이 묘사했다.

분홍색 역삼각형을 단 수감자는 모두 … 한 조가 돼 클링커 벽돌 공장으로 이송됐다. … 우리는 20구의 시체를 끌고 피범벅이 된 채로 공장에 들어섰다. … 두 달가량 이곳에 있었는데 시간이 영원히 흐르지 않는 것 같았다. 이곳으로 이송됐을 때 우리는 300명 정도였다. 매일 아침 수용소 사이렌이 울리면 진흙 채취장으로 들어가야 했는데 채찍질이 더 잦아졌다. "겨우 50명 살아남았어." 옆에 있던 남자가 속삭였다. "가운데 있어. 그래야 덜 맞을 거야."[93]

강제수용소에서 수십만 명의 레즈비언과 게이가 학살된 것으로 추정된다.

홀러코스트는 인간 역사에서 유례없이 야만적인 사건이었고 인류의 재앙이었다. 유대인 600만 명과 그 밖의 집단 수십만 명이 살해됐다. 전 세계에서 가장 강력하고 발전한 노동자 운동이 파괴됐다. 활력 넘치던 독일 동성애자 하위문화는 죽음의 수용소와 함께 사라졌다.

러시아: 배반당한 혁명

레닌은 다음과 같이 경고한 바 있다. "독일 혁명 없이는 우리는 파멸할 것이다." 내전과 경제봉쇄, 외국의 침략을 겪으면서 혁명의 생존에 필요한 물질적 자원은 소진돼 갔다. 동시에 노동자 국가의 바탕이 된 사회 세력, 즉 노동계급도 파괴됐다. 외국군 침략과 내전 와중에 전사하거나 경제가 붕괴하면서 식량을 찾아 도시에서 시골로 돌아갈 수밖에 없었던 것이다. 볼셰비키 정부는 매우 어려운 상황에서 존재하지 않는 계급의 이름으로 사회를 운영하는 처지에 놓였다. 1920년에 이미 레닌은 이 문제를 지적했다. "우리나라는 관료적으로 일그러진 노동자 국가입니다. … 우리의 국가기구는 차르 체제에서 빌려 왔고 소비에트 세계가 거의 바꾸지 못한 … 부르주아적이고 전제적인 기구입니다."[94]

독일 혁명이 성공했다면 새로운 자원과 계급 세력을 동원해 러시아의 노동자 국가를 지원했을 것이다. 독일 혁명이 패배하자 반혁명과 스탈린을 필두로 한 새로운 지배계급이 등장할 조건이 마련됐다. 스탈린에 대항해 좌익반대파를 결성한 트로츠키는 다음과 같이 썼다.

상점에 물품이 충분하면 구매자들은 오고 싶을 때 와서 상품을 구입하면 된다. 물품이 별로 없으면 구매자들은 줄을 설 수밖에 없다. 줄이 아주 길면 질서를 유지하기 위해 경찰관을 둘 필요가 생긴다. 이것이 소비에트 관료 권력의 출발점이다.[95]

스탈린은 이른바 '일국사회주의'를 위해 국제 혁명을 포기했다. 러시아의 운명은 이제 국제 혁명이 아니라 러시아 경제가 세계 자본주의 경제의 경제적·군사적 경쟁자들을 따라잡는 데 달려 있다는 것이었다. 러시아의 권력은 노동자 민주주의가 아니라 새로운 지배계급에게 넘어갔다. 그들은 서방 자본주의가 몇 세기에 걸쳐 이룬 성과를 몇십 년 안에 이룩하려 했다.

농민을 토지에서 강제로 몰아내고 아동노동을 고용하고 저항하는 사람들에게 폭력을 사용하는 등 똑같은 방식이 이용됐다. 스탈린은 영국에서 300년 걸려 이룬 것을 20년 만에 달성했다. 그 결과는 짧은 기간에 엄청나게 집중된 사망자 수였다. 강제 노동 수용소의 사망자 수는 대서양 노예무역 당시보다는 훨씬 적을 테지만, 그 수치는 250년이 아니라 25년 동안의 사망자 수였다.[96]

착취 수준을 이 정도로 높이려면 혁명의 모든 요소와 단절해야 했다. 평범한 사람들의 민주주의와 통제라는 이상은 흔적조차 없이 사라졌고 수백만 명이 감옥과 강제 노동 수용소로 끌려갔으며 정치적 반대파가 모두 분쇄됐다. 과거의 성과와 새로운 질서 사이의 단절이 가장 분명히 드러난 영역은 성의 관계였다. 1933년 동성애가 다시 범죄가 됐고 남성 동성애자들은 수용소로 끌려갔다. 모성을 찬미하고 훈장을 수여했다. 1936년에는 낙태가 범죄화됐다.

새로운 지배계급이 이런 조치를 취한 것은 기본적으로 건강한 노동력을 급속히 늘리려면 가족이 매우 중요했기 때문이다. 그러나 트로츠키는 다음과 같이 지적했다. "현재 가족 숭배의 가장 강력한 동기는 의심할 여지 없이 관료들이 안정된 위계 관계를 원한 데 있다." 새로운 체제는 정권의 지지 기반을 다지기 위한 새로운 도덕 질서와 박해할 속죄양이 필요했다. 동성애자들은 간첩, 파시스트, 부르주아적 일탈이라는 비난을 받았다. 동성애자들이 나치에게 학살당하던 바로 그 시기에 이런 잔인하고 역겨운 비방을 퍼부은 것이다.

스탈린주의 러시아에서 동성애자들이 겪은 끔찍한 고통은 혁명이 패배하고 자본주의가 복원된 결과였다. 그러나 심지어 가장 절망적인 조건에서도 수백만 명이 그런 고통이 없는 세계를 만들기 위해 노력했음을 결코 잊지 말아야 한다. 빅토르 세르주가 말했듯이,

흔히 "스탈린주의의 세균은 처음부터 볼셰비즘 속에 있었다"고들 한다. 글쎄, 그럴지도 모르겠다. 그렇지만 볼셰비즘에는 다른 세균도 엄청나게 많이 있었다. 최초로 승리한 사회주의 혁명의 초기의 열정을 경험한 사람들은 이 사실을 잊지 말아야 한다. 사체 부검에서 드러난 세균, 어쩌면 태어날 때부터 몸속에 있었을지 모르는 세균으로 살아 있는 사람을 평가하는 것이 과연 이치에 맞는 일인가?[97]

러시아와 독일에서 성 해방 투쟁의 승리는 급진 좌파와 더 광범한 노동계급 운동의 운명과 떼려야 뗄 수 없게 묶여 있었다. 노동계급 운동이 러시아에서 권력을 잡으면서 절정에 달했을 때, 성 해방을 향한 진보도 정점에 달했다. 그러나 노동계급 운동이 스탈린과 히틀러에게 짓밟히자 동성애자 권리 운동이 쟁취했던 놀라운 성과도 모두 재앙적 결과를 맞았다.

이런 패배를 겪으며 수백만 명이 살해당했고 그 결과 대부분의 사람들은 더는 혁명을 억압받는 사람들의 축제로 기억하지

않게 됐다.

비극적이게도 많은 좌파는 동성애를 부르주아적 일탈로 규정한 스탈린주의의 정의를 받아들였다. 러시아 혁명의 결과로 전 세계에서 볼셰비키당의 위상이 엄청나게 높아진 데다 1930년대의 참상을 겪으며 파시즘과 전쟁을 멈출 대안을 찾으려 한 사람들은 흔히 러시아에서 어떤 일이 벌어지는지 알지 못한 채 러시아에 기대를 걸었다. 이 때문에 진정한 사회주의적 성 해방 전통을 지켜 나가는 일은 소수의 고립된 개인들에게 남겨져 버렸다.

chapter_ 4
스톤월 항쟁과 새 운동의 탄생

1969년 6월 27일 밤 성소수자들의 삶을 영원히 바꿔 놓은 폭동이 일어났다. 이 폭동은 뉴욕 그리니치빌리지에 있는 스톤월인이라는 술집을 경찰이 단속하면서 시작됐다. 스톤월인은 노동계급 레즈비언과 게이, 특히 이성 복장 착용자, 몸 파는 사람, 히스패닉과 흑인이 자주 찾는 비밀 술집이었다. 그들은 밑바닥 인생으로 취급받았고 괴롭힘과 부당한 대우에 익숙한 사람들이었다. 그러나 그날 밤 그들은 맞서 싸웠다. 경찰은 술집 안에 고립돼 바리케이드를 쳐야 했고 사흘간 폭동이 이어졌다.

게이 파워를 주장하는 낙서가 크리스토퍼 가에 등장했다. 길모퉁이마다 청년들(대다수 기사에 따르면 여성스러운)이 무리를 지어 분노를 터뜨리며 웅성거리고 있었다. 누군가 젖은 쓰레기 봉투를 순찰차 창문에 집어던졌다. 근처 웨이벌리플레이스에서는 경찰차에 보도블록이 날아들었고 삽시간에 수십 명이 경찰차를 둘러싼 채 문을 두드리고 보닛에 올라가 춤을 췄다. … 쓰레기가 불타오르고 병과 돌멩이가 날아다니고 "게이 파워!"라는 외침이 거리에 울려 퍼졌다. 경찰 400명이 2000명에 달하는 군중과 전투를 벌였다.[98]

폭동은 사흘 밤낮으로 이어졌고 이 사건 뒤 상황은 완전히 달라졌다. 비트 시인 앨런 긴스버그는 얼마 뒤 그리니치빌리지에 다녀와서 다음과 같이 말했다. "그곳 사람들은 무척 아름다웠다. 그들은 더는 상처받은 모습이 아니었다."[99] 며칠 만에 동성애자 해방전선GLF이라는 새 조직이 생겨났다. 창립 선언문에서 그들은 다음과 같이 선언했다.

우리는 기존 사회제도가 철폐되기 전에는 아무도 완전한 성 해방을 누릴 수 없다는 각성으로 뭉친 혁명적 집단이다. 우리는 사회가 강요하는 성 역할과 우리의 본성에 대한 규정을 거부한다. 우리는 그런 역할과 단순화된 신화에 갇혀 있지 않을 것이다. 우리는 우리 자신이 될 것이다. … 부패하고 억압적인 이 세상은 우리가 한 가지에 매진할 수밖에 없도록 만들었다. 그것은 바로 혁명이다.[100]

폭동 소식은 전 세계로 퍼져 나갔고 머지않아 프랑스, 캐나다, 호주, 독일, 이탈리아, 벨기에, 네덜란드, 영국에서 비슷한 조직들이 출범했다.

자물쇠가 달린 문을 통해 손님을 들여보내던 어둡고 지저분한 스톤월인에서 현대 동성애자 해방운동이 탄생한 것은 의아해 보인다. 그 시절 다른 많은 동성애자 술집과 마찬가지로 스톤월인은 마피아의 보호 아래 운영됐고 시 규정 위반으로 영업정지를 당하지 않으려고 경찰에게 돈을 상납했다. 그렇다고 주기적 단속을 면하지는 못했는데, 이런 단속은 경찰의 '체면치레'용이자 미국 사회의 레즈비언과 게이가 겪은 보편적이고 의례적인 모욕의 일부였다. 단속에 걸린 사람들은 체포돼 두들겨 맞고 심지어 강간당하기까지 했을 뿐 아니라 이름과 주소가 지역신문에 공개돼 구설수에 오르는 경우도 흔했다. 이런 공개적 아웃팅은 흔히 해고나 가족과 친구의 따돌림으로 이어져 사람들의 삶을 파괴했다.

1950년대 미국의 동성애자

그토록 가혹한 상황은 미국 사회에서 레즈비언과 게이가 겪은 광범한 억압을 반영하는 것이었다. 동성애는 한 개 주를 제외한 미국 전역에서 불법이었고 종신형이나 정신병원 수감, 심지어 거세 처벌을 받았다. 1954년에 수시티의 한 판사는 새로 도입된 '성적 사이코패스' 법을 이용해 지역에서 동성애자로 알려진 사람을 모두 구금하라고 명령해 남성 29명이 정신병원으로 끌려갔다. 같은 시기 정부는 노동조합과 일터에서 활동가들을 추방했다. 매카시즘으로 알려진 이 마녀사냥은 레즈비언과 게이도 표적으로 삼았는데, 동성애자들이 "공산주의자들만큼이나 위험하다"는 것이었다. '성도착자'에 대한 한 상원 보고서가 사용자들에게 "동성애자 한 명이 사무실 전체를 오염시킬 수 있다"고 경고해 레즈비언과 게이 수천 명이 직장에서 쫓겨났고 연방 정부 취업이 금지됐다.

정부의 반反동성애 바람몰이는 광범위한 박해를 조장했다. 1950년대 한 조사를 보면 남성 동성애자의 20퍼센트가 경찰에게 괴롭힘을 당한 적이 있었다.[101] 정부는 또 동성애자가 국가의 안보와 도덕 체계를 치명적으로 위협한다는 사회적 공포를 불러일으켰다. 심지어 영화 산업에서도 1961년까지 동성애를 전혀 묘사하지 않는 게 관례였다. 이런 고정관념이 다른 주류 사상들과 뒤섞였는데, 예를 들면 기성 의료계는 동성애를 소아성애와 나란히 질병으로 지정했다.

동성애자를 불쌍하면서도 두려운, 치료가 필요하지만 처벌받아 마땅한 사람으로 보는 이런 시각은 1960년대에도 계속됐다. 예를 들면, 스톤월 항쟁이 일어난 해에 〈타임〉은 동성애를 다룬

한 연극에 대해 다음과 같은 비평을 실었다.

호모필* 활동가들은 사회가 좀 더 배려한다면 동성애자들이 더 행복해질 거라고 주장하는데, 여전히, 적어도 당분간은 〈보이스 인 더 밴드〉에 나오는 이 유명한 대사에 쓰라린 진실이 있다. "행복한 동성애자를 보여 줘 봐, 그럼 나는 게이의 시체를 보여 줄게."[102]

이런 분위기에서 레즈비언과 게이는 현실에서 차별받으며 살았을 뿐 아니라 탄로 나거나 폭로될지 모른다는 공포와 두려움 속에 살았다. 훨씬 더 나쁜 것은 이런 생각을 내면화한 것이었다. 많은 게이와 레즈비언이 치유될 것이라는 희망을 품고 전기충격요법, 자궁절제술, 거세 등의 치료를 받았다. 1940년대 말에 도널드 웹스터 코리라는 필명으로 《미국의 동성애자들》이라는 중요한 책을 쓴 한 남성 동성애자는 다음과 같이 지적했다. "차별이 낳는 최악의 효과는 동성애자들이 스스로를 의심하고 성도착이라는 일반적 멸시를 공유하게 된다는 것이다."[103]

심지어 레즈비언과 게이의 상황을 개선하는 데 헌신한 조직들도 흔히 이런 편견에 적잖이 타협하고 말았다.

---

* 1940~50년대 동성애자 권리 옹호 운동가들은 성적 어감이 덜한 '호모필'이라는 단어를 많이 사용했다. 훗날 새로운 급진적 운동이 성장하면서 '호모필'은 온건하고 기성 체제에 인정받으려는 운동을 표현하는 용어로도 쓰였다.

매터신협회는 1950년에 동성애자 권리가 "우리 사회에서 박해받는 가장 큰 소수집단 하나를 해방하는 원대한 과제"라는 매우 급진적인 견해를 천명하며 생겨났다.[104] 동성애자들이 한 무리의 불행한 개인들이 아니라 박해받는 집단이라는 이런 견해는 당시로서는 획기적인 것으로 창립자들의 정치를 반영했다. 매터신협회를 창립한 것은 옛 공산당원 해리 헤이를 중심으로 한 급진 좌파들이었다. 미국 공산당은 동성애를 "부르주아적 일탈"로 일축하는 스탈린주의적 비방을 고집하긴 했지만, 인종 차별주의 등의 불의에 맞서 투쟁한 매우 훌륭한 전력이 있었다. 동성애자인 해리 헤이는 이런 전통을 게이와 레즈비언 억압에 적용할 수 있었다. 매터신협회가 집중한 목표는 동성애자 억압의 기원을 연구하고 게이와 레즈비언을 "동성애 소수집단"의 "일원으로서 자긍심"을 갖게 하는 운동에 참여시켜 변화를 성취하는 것이었다.[105]

그러나 이런 급진적 접근 방식은 이내 다른 활동가들의 격렬한 비판을 받았다. 이들은 매터신협회가 국가 마녀사냥의 표적이 돼서 권력자들을 조심스럽게 설득해 동성애를 용인하게 하려던 자신들의 계획이 틀어질까 봐 두려워했다. 매터신협회 창립 회원들이 사임하자 새 지도부는 전혀 다른 접근 방식을 발전시켜 사회에서 동성애에 대한 이해를 높이기 위해 "저명하고 인정받는 과학자, 병원, 연구 단체와 기관을 지원"하는 데 중점을 뒀다.[106] 게이와 레즈비언의 자주적 활동과 자긍심을 고무하는 것에 주력하던 초기의 태도는 사라졌다. 그 대신 잠재적 지지자들이 멀어지지 않도록 "가정, 교회, 국가 같은 … 공식 제도와 화합할 수 있는 … 행동 양식"을 발전시키라고 회원들을 설득했다. 사회적 인정을 얻어 내려면 순응해야 한다는 것이었다. 동성애자들이 "훌륭한 시민"임을 입증하기 위해 병원 건립 모금을 조직했고 소도미법 폐지 운동은 반발을 불러올 수 있다는 두려움 때문에 중단했다.

최초의 레즈비언 정치단체로 1955년 설립된 '빌리티스의 딸들DOB'도 비슷한 노선을 따랐다. '빌리티스의 딸들'은 많은 레즈비언들이 겪는 고립을 타파하려고 사교 모임으로 출발했지만 활동 범위를 넓혀 "여성들이 동성애자 소수집단을 옹호하는 투쟁 … 에 더 많이 참여하도록 고무했다." 그런데 '빌리티스의 딸들'은 기성 체제 안에서 동맹자를 찾는 데 너무 집중한 나머지 심지어 동성애에 적대적인 사상을 가진 사람도 지부 모임에 초대해 연설을 듣거나 자신들의 잡지 《래더》에 글을 쓰게 했다. 샌프란시스코 지부 회원들은 초청 연사가 "레즈비언은 삶에 만족하지 못하고 자신의 건강과 행복을 망친다"고 얘기하는 것을 참고 들어야 했다.[107] 우호적 여론과 사회적 인정을 얻으려고 애쓰면서 레즈비언들에게 스스로 사회에 통합되기 위해 최선을 다해야 한다고 요구했다. 여성들에게 부치/팸* 문화가 있는 동성애 술집을 멀리하라고 권했고, 단체의 총회에 참석한 한 이성 복장 착용자에게 "여성스러운" 복장을 입으라고 설득하기도 했다.

레즈비언과 게이를 위한 변화를 쟁취하려고 조직을 건설하고 출판물을 낸 것은 괴롭힘, 단속, 공개적 모욕, 법적 처벌의 위험을 무릅쓴 엄청나게 용기 있는 행동이었다. 그러나 그런 활동을 각오한 사람들은 거대한 압력에 직면한 데다 매카시즘의 엄청나게 파괴적인 영향 때문에 방어적이고 수세적인 태도를 취했다. 1960년대를 지나면서 점차 많은 활동가들이 더 급진적인 대응을 요구했다. 일례로, 1965년 매터신협회 워싱턴 지부는 "동성애는 결코 질병이나 장애, 병리 질환이 아니다" 하고 명시한 결의안을 통과시켜 논쟁을 일으켰다. 이것은 변화의 바람이 불어오고 있다는 최초의 조짐이었지만 동시에 동성애자 운동이 가야 할 길이 얼마나 먼지도 보여 줬다.

이런 이유들 때문에 스톤월 항쟁은 세계를 충격에 빠뜨렸고 그 결과로 생겨난 운동은 동성애자 해방을 요구하는 새로운 정치의 탄생을 알린 획기적 사건이었다. 당시에 스톤월 항쟁은 뜻밖의 사건처럼 보였지만 수많은 요소가 결합된 결과였다.

---

* 부치butch는 남성적인 레즈비언을 일컫는 말이고 팸femme은 여성스러운 레즈비언을 뜻한다.

변화의 바람

제2차세계대전은 미국 자본주의에서 중요한 구실을 하던 오랜 가치와 확신을 적잖이 뒤흔들어 놓았다. 남성이 전쟁터에 나가고 여성 수백만 명이 일하러 나오면서 사회의 가족생활 구조와 엄격한 성 역할이 불안정해졌다. 결혼한 사람들은 배우자와 가정생활과 떨어지게 된 한편, 결혼하지 않은 남녀 가운데 많은 수가 가족의 품에서 결혼 생활로 이어지던 전통적 경로를 벗어나 군대나 군수산업에 들어갔다. 여성은 그 전에는 아내와 어머니의 역할에 갇혀 있었지만 이제 대중매체는 작업복을 입고 "승리의 브이" 표시를 흔들며 공장으로 행진해 들어가는 여성상을 부각했다. 그런 이미지는 경제와 전시 동원에 여성의 기여가 핵심적임을 강조한 것이었다. 여성은 노동을 통해 재정적으로 독립했고 대도시 중심의 전혀 다른 사회생활을 하게 됐다.

이런 상황 덕분에 사람들은 결혼이라는 경계 밖에서 성적이고 정서적인 인간관계를 모색하고 경험할 수 있는 새로운 기회를 맞이했다. 전시에는 미래가 불안하고 삶이 무상하게 느껴졌기에 새로운 것을 경험해 보려는 정서가 더 컸다. 전시에 동성 관계를 경험한 남성과 여성 가운데 일부는 결혼이나 이성애 관계로 돌아갔지만, 다른 일부는 뜻밖의 감정과 욕망을 깨달았다. 군대에서는 레즈비언과 게이가 비교적 쉽게 서로 알아볼 수 있게 됐고, 군수산업 인근 도시와 뉴욕, 샌프란시스코, 로스앤젤레스의 항만 지역에서는 레즈비언과 게이 하위문화가 성장했다.

전쟁 뒤 권력자들은 이런 변화를 되돌려 놓으려고 애썼다. 많은 여성이 직장에 남길 원했지만 군 복무를 마치고 돌아온 남성으로 대체됐다. 정부의 선전과 대중문화도 가정생활과 전통적 남녀 역할을 강조하는 판에 박힌 이미지를 대량으로 쏟아 냈다. 1956년 〈라이프〉의 한 표지 기사는 "미국 여성이 성취하는 것 가운데 가장 큰 성공은 아이를 낳는 것이다" 하고 주장했다.[108] 공산주의자와 동성애자 등 '내부의 적'을 겨냥한 매카시 마녀사냥은 반대 목소리를 억누르고 사회에 대한 무기력한 순응을 새로이 강제하려는 노력의 일환이었다. 이 모든 것은 전쟁 중에 일어난 성적 실험의 시기를 끝내는 결과를 낳았다.

그러나 장기적으로는 경제 호황 덕분에 계속해서 더 많은 여성이 일터에 나가고 고등교육을 받았으며 도시가 성장했다. 그 결과 상황을 통제하려는 지배계급의 시도에 반하는 압력이 생겨났다. 여성의 경제적 독립성이 커지고 사람들이 만족스러운 성생활을 즐길 권리를 기대하게 되면서 성과 결혼, 출산 사이의 관계가 느슨해졌다.

"킨제이 보고서"는 동성애 경험, 외도, 혼전 성관계가 광범하다는 것을 밝혀냈는데, 이 책의 인기는 당시 상황을 보여 주는 하나의 작은 사례일 뿐이었다. 또 1970년대 초에는 마침내 기혼 여성뿐 아니라 미혼 여성도 피임약을 사용할 수 있게 되면서 여성이 자신의 신체와 성적 선택을 더 많이 통제할 수 있게 됐다.

동시에 일부 레즈비언과 게이는 전시에 경험한 새로운 가능성을 더 발전시키려고 노력했다. 그들이 고향의 가족에게 돌아가기보다 대도시에 남기로 결정하면서 하위문화가 계속 성장했다. 이것은 게이와 레즈비언을 주제로 다루는 문학이 성장하는 것으로 표출됐고 동성애자 하위문화를 기이하고 이색적인 밑바닥 세계로 묘사하며 파헤치는 언론 보도, 특집 기사, '폭로' 기사도 간간히 등장했다. 언론의 묘사는 대부분 부정적이었지만 그 덕분에 과거에는 존재조차 거의 인정받지 못하던 집단에 대한 공개적 논의가 확대됐고 심지어 고립된 개인이 그 세계를 찾으려면 어디로 가야 하는지 정보를 얻기도 했다.

영국에서는 지배계급이 이런 모순에 대응할 수밖에 없었고 지배계급의 전반적 이익을 지킬 수 있는 방식으로 새로운 합의를 도출하려고 애썼다. 영국 지배계급은 양보도 했지만 박해도 강화했다. 대중의 이목을 끈 동성애자 재판이 잇달아 열리면서 기존 법률이 남성 동성애자를 규제하는 데 효과가 있는지 우려하는 목소리가 커졌다. 1967년 도입된 새 법률은 21세 이상 남성끼리 사적 공간에서 성행위하는 것을 합법화했으나 같은 시기 다른 동성애 법 위반에 대한 기소는 증가했다. 그러나 이런 양보는 사람들에게 더 많은 것을 요구하며 싸울 용기를 줬고 자연스레 미국의 활동가들을 고무했다.

1968년: 기회를 잡다

레즈비언과 게이가 경험한 옛것과 새것의 충돌은 공민권운동, 여성해방운동, 베트남 전쟁 종식 운동에 불을 지핀 훨씬 더 심각한 모순들 가운데 하나였다.

전쟁에서 돌아온 많은 흑인도 과거와 똑같은 인종차별 폭력과 제도화된 분리에 직면했다. 이에 맞선 저항이 불씨가 돼 남부에서 공민권을 요구하는 대중운동이 폭발했고 북부로 번져 점점 더 전투적인 투쟁으로 발전했다. 흑인들의 성공적 반격은 호모필 운동이 더 급진적인 방향으로 나아가야 한다고 주장하던 일부 활동가들에게 빠르게 영향을 미치기 시작했다. 동성애를 질병으로 보는 견해에 반대하는 결의안을 제출했던 매터신협회 회원은 다음과 같이 주장했다. 흑인들은

90년 동안 홍보와 교육 프로그램으로 자신의 목적을 달성하려 노력했다. 그동안 그들이 아무것도 성취하지 못한 것은 결코 아니지만, 지난 10년 동안의 성과와 견줄 수 있는 것은 없었다. 지난 10년

동안 그들은 강력하고 단호하게 시민권을 요구하고 사회운동 방식을 시도했다. … 나는 미국유색인지위향상협회NAACP와 인종평등회의CORE가 어떤 염색체 유전자 때문에 검은 피부가 생기는지, 흑인종을 희게 만들 가능성은 없는지 걱정하는 것을 보지 못했다. … 우리는 흑인으로서, 유대인으로서, 동성애자로서 각각의 소수집단의 권리를 획득하고 싶어 한다. 왜 우리가 흑인, 유대인, 동성애자인지 묻는 것은 완전히 쓸데없는 짓이며 우리가 백인, 기독교인, 이성애자로 바뀔 수 있는지 묻는 것도 똑같이 쓸데없는 짓이다.[109]

스톤월 항쟁이 일어나기 전해인 1968년에는 이런 저항이 발전해 혁명이 의제에 올랐다. 가장 중요한 곳은 프랑스였는데 역사상 최대 규모의 총파업이 벌어져 대통령이 독일에 있는 군사기지로 도망쳤다. 그곳에서 그는 장군들에게 다음과 같이 털어놓았다. "모든 것이 끝장났소. 공산주의자들의 도발로 온 나라가 마비됐어요. 나는 아무것도 통제할 수 없습니다."

미국에서는 그 전부터 베트남 전쟁과 공민권 시위대에 대한 국가의 잔인한 공격으로 자본주의의 정당성이 허물어지고 있었다. 1968년은 점령군에 맞선 베트남 농민의 대규모 봉기와 함께 시작됐고 이 사건은 미국이 이 전쟁에서 승리할 수 없음을 전 세계에 똑똑히 보여 줬다. 얼마 뒤 마틴 루서 킹이 암살당하자 수만 명이 폭동을 일으켰다. 또 다른 제국인 러시아 역시 체코

슬로바키아, 폴란드, 유고슬라비아에서 '적색 부르주아지'에 맞선 저항에 시달리고 있었다. 이 때문에 세 나라 정권뿐 아니라 소위 공산주의 자체가 위기를 맞았다. 모스크바가 반란을 분쇄하기 위해 체코슬로바키아에 탱크를 보내기로 결정하자 그 사회들이 진정한 사회주의라는 환상이 깨지기 시작한 것이다. 동서 양 진영 모두에서 기존 질서가 공격받았다. 반란은 그해 멕시코에서 열린 올림픽대회에까지 영향을 미쳐 두 미국인 선수가 시상식에서 [주먹을 치켜드는] 블랙 파워 경례를 했다.

현대 동성애자 운동은 이런 사건들에서 영감과 영향을 받았다. '게이 파워'라는 구호는 마틴 루서 킹 암살 뒤 폭동이 일어났을 때 많은 도시에서 울려 퍼진 '블랙 파워' 구호의 반향이었다. 동성애자해방전선은 단체명을 민족해방전선NLF(베트남에서 미군에 맞서 싸운 저항운동)에서 따온 것이다. 동성애자해방전선이 벌인 첫 활동은 수감된 흑표범당* 지도자 휴이 P 뉴턴에 대한 연대 호소였다. 그들은 매우 신속하게 폭넓은 운동에 개입했고 다양한 항의 운동과 시위에 참여했다.

창립 선언문에서 동성애자해방전선 회원들은 자신들이 전 세계를 변혁하려는 투쟁의 일부라고 밝혔고 혁명을 호소했다. 혁명이 무엇을 뜻하느냐는 질문에 그들은 다음과 같이 답했다.

---

* 1966~82년에 활동한 미국의 급진 흑인 단체.

우리는 모든 억압받는 사람들과 우리를 동일시한다. 베트남인들의 투쟁, 제3세계, 흑인, 노동자, 이 썩어 빠지고 더럽고 추악하고 엉망진창인 자본가들의 공모로 억압받는 모든 이가 곧 우리다.

이것은 1940년대와 1950년대 호모필(활동가들은 성적 어감이 전혀 없다는 이유로 호모필이라는 용어를 선택했다) 조직들에서 지배적이던 수세적이고 개혁주의적인 방식과 철저히 결별했음을 보여 준다. 호모필 활동가들이 자유주의 여론을 설득해 동성애자를 용인하게 하려고 노력한 반면, 동성애자해방전선은 동성애자의 자긍심을 역설했다. 기관이나 단체가 동성애자를 지지하도록 로비하는 데 초점을 맞추는 대신 동성애자들의 대중적 참여를 호소하고 "수백만에 달하는 공동체에서" 반격에 나서자고 설득했다. "병든 것은 내가 아니라 나더러 병들었다고 말하는 사회다"라는 구호는 과거의 운동 방식에 대한 거부를 압축적으로 보여 줬고 동성애자 억압의 기원을 체제 안에서 찾으려는 진지한 시도와 연결돼 있었다. 이들은 혁명적 변화를 위해 나섰고 단지 레즈비언과 게이만이 아니라 모두를 위한 성 해방이라는 전망, 즉 "우애, 협력, 인간애와 자유로운 성에 바탕을 둔 새로운 … 형태와 관계"를 제시했다. 모든 면에서 관용을 구하던 태도에서 완전히 벗어나 섹슈얼리티와 젠더 등 기존 질서의 모든 측면에 급진적으로 도전한 성 정치에 영향을 미친 중요한 요소는 운동에

트랜스젠더들이 중심적으로 참여한 것이었다. 스톤월 항쟁에 참여한 트랜스젠더 활동가 실비아 리베라는 다음과 같이 말했다.

우리는 이런 빌어먹을 상황을 더는 받아들이지 않으려 했다. 우리는 다른 운동들을 돕기 위해 아주 많은 일을 했고 이제 우리 차례였다. … 당시에 우리는 모두 아주 많은 운동에 참여했다. 모두가 여성운동, 평화운동, 공민권운동에 참여했다. 우리는 모두 급진주의자였다. 그래서 그 많은 운동에 참여하는 게 가능했던 것 같다. 나는 급진주의자였고 혁명가였다. … 스톤월 항쟁에 참여하지 못했다면 나는 아마 꽤 속상했을 것이다. 왜냐하면 그날 밤 나는 세상이 나와 내 친구들이 원하던 대로 바뀌는 것을 봤기 때문이다.

동성애자해방전선은 다양한 운동 방식을 동성애자 해방 투쟁에 도입했다. 동성애자를 거부하는 시설에서 연좌 농성을 조직하고, 편견을 조장하는 정치인을 따라다니며 항의하고, 동성애 혐오 신문사의 사무실을 점거하거나 그 앞에서 시위를 벌이고, 정신의학회 대회를 방해하고, 경찰의 동성애자 술집 단속에 맞서 시위를 벌였다. 게이와 레즈비언은 새로 흥미로운 방식을 개발해, 법과 경찰의 괴롭힘을 무시하는 춤 시위와 입맞춤 시위를 조직했다. 이와 함께 다양한 동성애자 조직, 운동, 출판물이 번성했다.

이런 활동은 대부분 상대적으로 소수의 사람만 참가했지만,

이 운동은 두려움과 수치심, 굴욕감 속에 살아가던 전 세계의 수백만 동성애자들을 새롭게 각성시켰다. "벽장을 나와서 거리로"가 운동의 주된 구호였고 운동이 낳은 해방감은 엄청났다. 동성애자해방전선 기관지 〈컴 아웃〉은 1970년 첫 동성애자 자긍심 행진 뒤에 다음과 같이 기록했다. "요 며칠은 모든 동성애자에게 특별한 의미가 있다. 동성애자들이 처음으로 성차별적 사회가 만들어 놓은 감옥을 부수고 분노와 자긍심, 즐거움을 표현하며 거리에 나섰다."[110]

이런 투쟁 덕분에 동성애자에 대한 여론이 엄청나게 변화했고 동성애자들이 스스로를 바라보는 방식도 완전히 바뀌었다. 이는 스톤월 항쟁과 그 뒤 생겨난 운동의 역사적 성과였다. 중요한 개혁도 성취했다. 1970년대 말에 이르면 미국의 절반이 넘는 주에서 반동성애법이 철폐됐고 정신의학회는 한 세기 넘게 동성애를 정신병으로 규정하던 것을 삭제했다. 영국에서는 별다른 법적 성과를 거두지는 못했지만 투쟁 덕분에 게이와 레즈비언에게 훨씬 더 개방적인 분위기가 형성됐다.

유예된 꿈

그러나 진정한 성 해방을 가져올 혁명이라는 동성애자해방전선의 이상은 실현되지 않았다. 1973년 무렵 미국과 영국에서 동성애자해방전선은 더는 하나의 조직으로 존재하지 않았다. 무슨 일이 벌어진 것일까?

동성애자 해방운동은 체제에 맞선 반란의 물결과 밀접히 관련돼 있었고 처음에는 무엇이 가능한지를 아주 낙관적으로 생각했다. "혁명을 하자. 입맞춤 한 번이면 된다"는 동성애자해방전선의 슬로건이 이런 낙관론을 잘 보여 줬다. 그러나 시간이 지나면서 투사들은 자본주의 체제라는 현실에 직면할 수밖에 없었다. 자본주의 체제는 흔들렸지만 무너지지는 않았다.

미국에서는 1970년대 중엽까지 많은 승리를 쟁취했다. 베트남에서 미국이 패배하고 인종 분리가 쇠퇴하고 닉슨 대통령이 워터게이트 사건의 여파로 사임했다. 그러나 1970년 켄트주립대학교에서 반전시위 도중 학생 4명이 살해당했을 때 사람들은 미국 국가의 힘과 잔혹성을 목격했다. 흑인 투쟁은 미국에서 반격에 중요한 추진력을 제공했지만 이 시점에 이르면 흑표범당의 다수 활동가들이 투옥되거나 살해당했다. 운동은 추동력과 방향을 잃었다. 제도권 안에서 자리를 얻는 것이 사회를 변화시키기위한 더 현실적인 선택으로 보이기 시작하면서 일부 활동가들은 거리 정치에 등을 돌리기 시작했다.

영국에서는 파업 투쟁이 분출해 1974년 보수당 정부가 실각했고 많은 사람들이 큰 기대를 걸고 노동당에 투표했다. 그러나 노동당은 집권한 지 몇 달 만에 경기후퇴에 대응해 '사회적 협약'이라는 형태로 노동자들에게 큰 타격을 입히는 임금동결을 강요했다. 당시 영국에서 가장 큰 좌파 조직이던 공산당 당원들을 포함해 많은 지도적 노동조합 활동가들은 '자신들의' 정부 편에 서는 것 말고 다른 대안을 찾지 못했다. 그 결과 개혁주의 정치인과 노동조합 관료의 동맹은 강력한 노동계급 운동을 무력화했고 사회적 협약에 맞서 격렬한 투쟁을 벌인 노동자 집단들은 서로 고립됐다. 이탈리아에서는 '역사적 타협', 스페인에서는 '사회적 합의'란 이름으로 이런 패턴이 많은 국가에서 반복됐다.

이런 맥락에서 레즈비언과 게이 운동 안에서도 정치적 혼란과 분열이 커지기 시작했다.

처음부터 활동가들 사이에는 자신들이 누구에 맞서 싸우는지, 무엇을 위해 투쟁하는지를 둘러싸고 많은 이견이 있었다. 일부는 라이프스타일의 급진적 변화를 원했고, 다른 일부는 공식 정치 안에 강력한 동성애자 블록을 만들어 내길 원했다. 혁명적 변화를 호소한 사람들조차 그것이 실제로 뜻하는 바가 무엇인지에 대해 매우 상이한 생각을 갖고 있었다.

이런 문제들에 대해 혁명적 사회주의 전통이 기여할 수 있는 점이 많았지만, 현대 동성애자 해방운동은 과거의 동성애자 해방운동과 그 속에서 면면히 이어져 온 좌파적 전통을 거의 알지 못했다. 앞서 살펴봤듯이, 사회주의 혁명과 성 해방 문제에 대한 사회주의자들의 선구적 활동은 이미 대부분 기억에서 사라진 상태였다.

좌파 가운데 가장 중요한 조직이던 공산당은 동성애를 부르주아적 일탈로 보는 견해를 고집한 스탈린주의 성 정치 때문에 동성애자 당원들을 내쫓고 그들에게 '점잖게' 살라고 종용했다. 역사가 에릭 홉스봄 같은 좌파 인사들은 사회주의 혁명과 성 해방 사이에 아무런 관련이 없다고 주장한 반면, 프랑스 철학자 미셸 푸코가 프랑스 공산당을 거부한 이유는 부분적으로 공산당의 동성애 혐오 때문이었다. 고립된 일부 공산당원들과 그 밖의 소규모 혁명 조직들이 진정한 사회주의 성 해방 전통이라 할 만한 것을 이어 갔지만, 그들은 너무 작아서 스탈린주의라는 장애물을 넘어서지 못했다. 미국에서는 심지어 국가가 조직 노동계급에 대한 탄압의 일환으로 동성애 혐오를 이용했는데도 해리 헤이는 매터신협회를 건설하기 위해 공산당을 떠나야 했다.

1960년대 투쟁을 통해 급진화한 사람들이 사회주의 정치에 이끌렸을 때도 다양한 형태의 스탈린주의가 여전히 영향력을 미치고 있었다. 사람들은 베트남 전쟁과 국내의 인종차별에 맞서 투쟁했기 때문에, 쿠바에서 민족해방 투쟁이 일어나 미국이 지원한 독재자를 쫓아내고 경제봉쇄 이후 외세 지배의 족쇄에서 벗어나기 위해 투쟁하자 영감을 받은 사람들이 많았다. 또한 중국에서 벌어진 마오쩌둥의 '문화혁명'은 많은 젊은이들을 권위에 도전하는 운동에 참여시키는 것처럼 보였다. 그러나 문화혁명은 생산성을 끌어올리려는 운동의 일환으로 학생들을 동원해 옛 공산당 관리자와 관료를 공격한 것이었다. 많은 서방 사람들은 문화혁명이 필요하다는 호소와 학생 시위에 주목했지만 그 이면의 동력을 이해하지 못했다.

냉전이라는 조건 때문에, 민족해방운동이 성공한 뒤 사회주의 수사를 사용한 나라들은 미국 자본주의를 대체할 매우 강력한 대안을 제시하는 것처럼 보였다. 실제로는 그런 나라들은 사회주의와 거의 관련이 없었다. 쿠바에서 바티스타를 몰아낸 것은 식민지 억압에 맞선 주요한 승리였지만, 기본적으로 민족해방 투쟁이었지 사회를 급진적으로 재조직하려는 혁명이 아니었다. 새로운 국가는 외세로부터 나라의 자원을 되찾으려고 대규모 국유화를 단행했지만 여전히 자본주의적 방식으로 경제를 조직했다. 중국과 러시아에도 유사한 형태의 국가자본주의가 존재했다. 이런 체제들은 세계시장으로부터 고립되자 모두 착취 수준을 높이는 것과 동시에 가족을 강화함으로써 생산력 증대를 추구했다.

그 결과 하나가 끔찍한 동성애자 박해였다. 예를 들어, 쿠바에서는 동성애자 수천 명이 강제 노동 수용소로 끌려갔다. 이것은 동성애자들 스스로 밝혀낸 사실이었는데, 1960년대 여러 활동가들과 함께 쿠바에 연대 활동을 하러 간 동성애자들이 직접 동성애 혐오를 겪었고 이에 저항하자 재입국이 금지된 것이다.

이런 이야기는 동성애자 언론에 널리 보도됐다.

이런 사건들과 스탈린주의 좌파의 성적 보수주의 때문에 당연하게도 동성애자 활동가들 사이에서 조직 좌파에 대한 적대감이 커졌다. 좌파와 관련이 있던 사람들조차 지난 수 세대에 걸쳐 축적된 진정한 혁명적 전통과 단절됐다. 사람들은 러시아와 중국, 쿠바가 정말로 사회주의라면 성 해방을 위해 사회주의를 추구할 이유가 무엇이냐고 물었다. 사회주의와 노동계급 투쟁은 성의 자유가 아니라 경제 정의만 중요하게 다루는 것처럼 보였다.

이 점은 특히 미국에서 사실이었는데, 미국의 조직 좌파와 노동계급 운동은 매카시즘으로 엄청나게 약화됐다. 그 결과 반란의 10년 동안 미국에서는 대규모 산업 투쟁 물결이 전혀 일어나지 않았다. 큰 파업들이 일어나긴 했지만, 그때조차 그런 파업을 더 넓은 운동과 연결하기 위해 투쟁하는 사회주의자들의 조직된 네트워크는 존재하지 않았다. 그 대신 운동은 흑인 운동부터 학생 운동까지 서로 다른 이익집단들로 분리돼 조직됐다. 운동에 참여한 사람들은 노동계급을 변화의 주체로 인정하지 않았고 '제3세계'나 '실업자'를 중요하게 여겼다. 혁명적 변화를 추구한 이들은 무장투쟁부터 기존 체제 인수까지 대안적 투쟁 방법들을 모색했지만, 어떤 것도 세계 최강대국과 싸워 이길 수 없었다.

영국은 불만이 주로 파업 물결로 표출됐고 비非스탈린주의 좌파의 영향력이 더 컸기 때문에 영국 동성애자해방전선은 노동계급 운동과 연대를 조직했다. 그들은 보수당의 노동 악법에 반대하는 대중 시위에 "동성애자들도 행진에 함께한다!"고 적힌 현수막을 들고 참가했다. 한번은 "전혀 호의적이지 않은" 조직자들에 의해 뒤로 밀려났는데도, 노동 악법을 거부한 죄로 구속된 펜턴빌 항만 노동자들(나중에 불기소로 석방됐다)을 지지하는 피켓라인에 끈질기게 참여했다. 부당한 대우를 받은 동성애자 노동조합원을 지지하는 운동도 조직했다.

동성애자들이 자신들의 투쟁과 노동운동을 연결해야 한다는 생각을 모두가 환영한 것은 아니었다. 런던에서 동성애자해방전선 이스트런던 지부는 노동계급 저항과 연대를 조직하고 브릭스턴래디컬페어리스(브릭스턴 급진 동성애자들)는 '이성애 사회'와 다른 대안을 실현하는 데 더 많은 관심을 보이는 등 서로 매우 다른 활동을 추구한 것을 보면 논쟁이 존재했음을 알 수 있다.

노동계급 투쟁이 퇴조하자 브릭스턴 방식이 훨씬 더 우세해졌는데, 운동에 영향을 미친 이론과 정치 때문에 이 과정은 더욱 빨라졌다.

사회주의 전통을 잃어버린 무지개

동성애자해방전선은 동성애자 억압을 낳은 자본주의 체제

에 맞서 혁명적 투쟁을 호소했지만, 자본주의 체제의 정확한 본질이 무엇인지, 어떤 종류의 혁명이 필요한지, 혁명을 성취할 힘이 어디에 있는지에 대해서는 견해가 모호했다. 자본주의의 핵심 동역학이 이윤 축적을 위한 노동자 착취고 이것이 억압의 원동력이므로 자본주의를 전복할 힘이 있는 노동계급만이 억압을 끝장낼 수 있다는 사회주의자들의 주장은 폭넓은 지지를 얻지 못했다. 흔히 가족을 동성애자 억압의 핵심 제도로 지목했는데, 주로 성차별 사상을 유지하는 가족의 이데올로기적 구실에 주목했다. 가족에 물질적 기반이 있다고 해도 그것은 자본가계급의 경제적·정치적 이해관계보다는 남성 지배의 산물이라는 것이었다.

> 동성애자 억압은 사회의 가장 기본 단위인 가족에서 출발한다. 가족은 통솔자인 남편과 아내라는 노예, 그들의 자녀로 구성되며 이것이 이상적 모델로 강요된다. … 여성과 동성애자는 모두 성차별이라는 문화·이데올로기적 현상의 피해자다. 이 점은 우리 문화에서 남성 우월주의와 이성애 우월주의로 분명히 드러난다.[111]

계급이 아니라 남성이 문제의 뿌리라는 생각을 체계화한 페미니스트 이론이 동성애자 운동의 이론적 근거로 많은 부분 사용됐다.

일례로 급진 페미니스트 슐라미스 파이어스톤은 1970년 자신의 책《성의 변증법》에서 다음과 같이 주장했다. "여성에 대한 정치적 억압은 그 자체의 계급 동역학이 있다." 1970년대 말에 이르면 여성 억압을 남성 지배 체제로 본 가부장제 이론이 운동 내 다수에게 상식이 됐다.[112] 가부장제 이론이 뿌리내릴 수 있었던 이유는 간단하다. 남성들의 성차별 언행 같은 여성 억압 현상을 논리적으로 설명하는 것처럼 보였기 때문이다. 그러나 가부장제 이론은 남성이나 이성애자에게 다른 사람을 억압하려 하는 고유한 생물학적 욕구가 있다고 탓하는 것을 넘어 하나의 이론으로서 성차별이나 동성애 혐오가 어디서 비롯하는지 설명하는 문제에서는 벽에 부딪혔다. 이 때문에 근본 원인과 동떨어진 억압의 특정 증상에 맞서 협소한 투쟁을 벌이는 데만 관심을 집중하게 됐다.

이것은 결국 분리주의 정치를 강화했는데 사람들이 다음과 같이 판단했기 때문이다. 억압에 책임이 있는 사람들과 왜 협력해야 하지? 레드스타킹스 같은 페미니스트 단체들은 "여성 해방은 다른 모든 사상보다 우선이다" 하고 주장했고, 뉴욕래디컬우먼은 다음과 같이 선언했다. "우리는 어떤 것이 '개혁주의적'인지 '급진적'인지 '혁명적'인지 '도덕적'인지 묻지 않는다. 우리의 질문은 다음과 같다. 여성에게 좋은가 나쁜가?"[113] 이런 여성들 가운데 다수는 운동 안의 성차별주의에 반발한 것이었지만, 그들이 발전시킨 이론과 전략은 함께 활동하던 사람들 사이에 분열을 낳았다. 1970년 한 무리의 여성들이 미국 동성애자해방전선에서 탈퇴해 래디컬레즈비언스를 결성했다. 그들의 창립 선언문 《여성-정체화한 여성》은 여성이 사회와 운동 모두에서 남성 지배를 벗어나야 한다고 주장했다.[114] 이런 사상이 분열을 낳는다는 점은 1980년대에 분명해졌다. 흑인 레즈비언과 게이가 인종차별에 대응해 분리해 나온 것이다. 양성애자들은 "적과 동침"한다는 이유로 따돌림당했다.

공동의 투쟁을 통해 사람들을 편견에서 벗어나게 하려는 전략이 없다면 우리 편은 언제나 힘없이 사분오열할 것이고 억압을 유지하는 구조와 대결할 수 없을 것이다.

[초기에] 동성애자해방전선은 투옥된 흑표범당 활동가들을 지지하는 연대 활동을 벌여 흑표범당 운동 안에서 동성애자 투쟁에 대한 강력한 동맹을 획득했다. 일부 동성애자 활동가들은 흑표범당 일각의 동성애 혐오를 이유로 연대 활동에 반대했지만, 동성애자들의 연대는 흑표범당의 가장 존경받는 지도자 중 하나인 휴이 P 뉴턴의 화답을 받았다. 그는 동성애자들을 지지하고 나섰다.

동성애자는 사회의 어느 누구로부터도 자유와 해방을 인정받지 못한다. 아마도 그들은 이 사회에서 가장 억압받는 사람일 것이다.

우리는 패것이나* 펑크라는** 말을 사용해선 안 되며 특히 민중의 적을 욕할 때도 동성애자를 표현하는 단어를 가져다 붙이지 말아야 한다.

미국과 전 세계의 수많은 사람들에게 영감을 준 투사가 동성애자 해방을 지지한다고 강력하게 선언한 것이다. 그러나 세상을 바꾸려고 투쟁하면서 사람들이 편견 어린 생각과 행동에서 벗어날 수 있고 그렇게 하기 위해 노력해야 한다는 이런 생각을 거부하자 서로 탓하고 비난하는 분위기가 생겨났다. 그런 분위기에서는 누가 가장 억압받는지가 중요했다.

분리주의 정치는 개인적 관계와 라이프스타일 선택을 통해 억압에 도전하는 것을 강조한 라이프스타일 정치와 개인적 정치로 후퇴하게 만든 한 원인이었다. 동성애자 운동에 참여한 활동가들은 언제나 "당신 삶에서 혁명을 하라"거나 "개인적인 것이 정치적인 것이다" 같은 개념을 통해 개인적 정치를 강조했다. 벽장 속 삶과 동성애 혐오로 고통받은 레즈비언과 게이에게 이런 생각은 강렬한 호소력이 있었고 긍정적 측면이 있었다. 변화를 즉시 만들어 낼 수 있다는 낙관을 반영한 것이었기 때문이다.

---

* faggot. 남성 동성애자를 비하하는 욕설.

** punk. 창녀를 뜻하던 말로 남성 동성애자를 욕하는 말.

활동가들은 "미래의 자유로운 사회를 최대한 앞당겨 새롭고 해방된 라이프스타일"을 누릴 수 있는 동성애자 공동체를 만들거나 빈집 점거를 조직했다. 이곳에서 사람들은 가족을 벗어난 삶을 추구했고 전통적 성 역할에 도전했으며 일부일처제의 소유욕과 단절한 해방된 성적 관계를 모색했다. 사람의 생각을 변화시켜서 세상을 변화시키자는 취지로 의식 고양 단체들이 생겨났다. 문제는 이런 활동만으로는 거기에 참여한 개인들의 삶을 넘어서 영향력을 미칠 수 없었다는 점이다. 대다수 사람들은 사회를 벗어날 수 없었다. 무슨 일이든 해서 먹고살 방법을 찾아야 했기 때문이다. 빈집 점거와 공동체는 집주인과 법원의 권력이라는 벽에 부딪히거나, 사람들이 더 큰 사회적 변화 없이 자신들의 라이프스타일을 급진적으로 바꿔야 한다는 것에 부담을 느끼자 와해됐다. 의식 고양은 흔히 개인의 쓰라린 경험을 발산하는 통로 구실을 했지만 투쟁 참여로 이어지는 디딤돌이 되지는 못했다.

운동 전반의 퇴조와 급진 페미니즘과 분리주의의 영향력 때문에 점점 더 내향적이고 도덕주의적인 접근 방식이 발전했다. 라이프스타일 선택은 정치 활동의 대용물이 됐고 억압 문제를 사회조직과 결부하는 이론 없이 개인적 관계가 주된 투쟁 영역이 됐다. 레즈비언들은 여성들에게 남성을 거부하고 레즈비언으로 전향함으로써 억압에 맞서 싸우라고 요구했다. 일각에서는

레즈비언과 게이만이 사회의 성차별적 역할에 진정으로 도전할
수 있다고 주장한 반면, 다른 일각에서는 게이 남성은 남성 유
대를 예찬하기 때문에 문제고 게이들의 투쟁은 여성운동에 종
속돼야 한다고 주장했다. 예를 들어, 미국에서 이런 주장을 받
아들인 일단의 남성 동성애자들은 '플래이밍 패것'(열 받은 게이
들)이란 단체를 결성하고 "여성을 우스꽝스럽게 흉내 내지 않으
면서 남자답지 않은" 삶을 사는 활동에 전념했다. 그들은 결국
"양성구유*가 가부장제를 약화시킬 것이고 그 결과로 혁명이 뒤
따를 것"이라는 결론에 이르렀다. 영국에서는 일련의 내부 논쟁
이 일어났는데 다양한 집단이 어떤 집단에 속한다는 이유로 또
는 어떤 라이프스타일을 추구한다는 이유로 변절자라는 비난을
받았다. 가학·피학 성교를 하는 레즈비언들이 특히 심한 비난을
받았다.

초기 동성애자 해방의 요구는 사람들이 좁은 선택지와 사회
의 요구라는 구속에서 벗어날 수 있는 성 해방의 열망을 표현한
것이었다. 그런데 이제 [동성애자 운동 스스로] 사람들의 관계에 새로
운 제약과 도덕적 판단을 강요했다. 커밍아웃이 운동에 참여하
기 위한 선결 조건이 됐다. 이 때문에 아직까지 가족이나 직장
동료, 친구에게 커밍아웃할 만한 자신감이 없는 많은 사람들, 특

---

* 남성성과 여성성을 결합하는 것.

히 동성애자 술집과 공동체, 대안적 라이프스타일을 갖춘 공간으로 탈출하는 것이 쉽지 않았던 노동계급 레즈비언과 게이가 자연히 배제됐다. 이는 시위와 행진이라는 집단적 커밍아웃을 강조하던 초기 전통과는 다른 것이었다.

새로운 성과와 과제

라이프스타일 정치와 정체성 정치는 가장 두드러진 억압의 현상 일부에 즉각 도전하는 것처럼 보였기 때문에 급진적으로 느껴졌다. 그러나 운동의 성공 그 자체 때문에 자본주의 구조는 그대로인 채 사람들이 자신의 섹슈얼리티를 더 공개적으로 표현할 수 있는 사회적 공간이 열리고 있었다. 이미 1970년대 중엽에 조금씩 상업적 동성애자 사회가 발전하기 시작하면서 일부 활동가들이 포섭 문제를 논의했다.

게이바 사장들이 (합법화라는) 천지개벽이 일어나지 않고도 동성애자들이 함께 춤추도록 허용할 수 있다는 것을 깨달으면서 동성애자 술집들은 폐쇄적 분위기가 사라지고 노다지가 됐다. …
동성애자 해방이 디스코텍을 세우는 거라면, 사기꾼 닉슨도 그럴 수 있다. 동성애자 해방이 동성애자 잡지를 만드는 거라면, 돈 버스비도* 그럴 수 있다. (해방적인 게 좀 덜할지라도) 더 거창하고 더 화려하게 만들 수 있다. 동성애자 해방운동이 열어 놓은 틈새로 동성애자 상업이 쏟아져 들어왔다. 그 결과 동성애자 세계는 점점 더 노골적으로 자본주의의 가치에 영향받고 규정된다.[115]

사실 1970년대의 동성애자 사회는 오늘날의 핑크 경제** 규모에 비하면 보잘것없었다. 오늘날 핑크 경제는 동성애자 포르노부터 웨딩 산업까지 온갖 것을 판매해 수십억 원을 벌어들인다. 레즈비언과 게이가 더 개방적인 삶을 누리게 된 것은 중요한 진보이기도 했다. 동성애자 디스코텍에 가든 동성애자 잡지를 사든, 그것을 변절이라고 할 수는 없지 않은가! 그렇지만 위의 얘기에는 아주 중요한 진실이 담겨 있었다.

운동은 비밀 동성애자 술집을 불태우면서 시작됐고, 레즈비언과 게이의 억압적 환경을 이용해 돈을 버는 동성애자 사회, 즉 '동성애자 게토'를 아주 분명하게 공격하면서 생겨났다. [그러나] 운동 덕분에 동성애자에 대한 더 개방적인 태도가 형성되면서 전에는 없던 동성애자 거리, 출판물, 서비스가 생겨날 수 있었고, 일부 자본가들은 이런 것을 용인할 수 있을 뿐 아니라 그로부터

---

* 1960년대 게이 포르노 잡지 출판사.

** 동성애자를 대상으로 하는 산업.

이윤을 얻을 수도 있다고 보게 됐다.

이는 동성애자 운동이 성취한 변화의 일부 모순적 성격을 보여 줬다. 새로운 성취는 새로운 문제점과 과제도 남겼다.

새로이 공간이 열린 또 다른 영역은 주류 정치였다. 이전에 레즈비언과 게이 활동가들은 주류 정치에 절대로 들어갈 수 없었다. 미국에서는 정치인들이 동성애자에 대해 긍정적으로 발언하도록 만들려는 정치인 '습격zapping' 같은 초기의 방법이 주요 정치인을 골라 로비를 벌이고 민주당의 국가정책에 영향을 미치려는 훨씬 더 세련된 과정으로 변모했다. 1972년이 되면 핵심 동성애자 활동가들이 민주당 선거운동에서 지도적 구실을 했고 1977년에는 대통령이 게이태스크포스라는 단체를 백악관으로 초대했다.

영국에서는 전투적 투쟁이 퇴조하면서 보수당이 [선거에서] 승리하고 마거릿 대처가 당선하자 노동당을 보수당에 맞서 저항을 건설할 수 있는 조직으로 탈바꿈시키려는 운동이 성장했다. 전임 노동당 정부에 대한 분노가 '대중적 사회주의 정당'을 재구축하려는 이 운동을 강화했다. 노동당 정부는 실업과 가혹한 긴축, 종전 이후 최초의 실질임금 하락에 책임이 있었다. 토니 벤을 중심으로 한 [노동당 개조] 프로젝트가 탄력을 받자, 다양한 운동에 참여해 온 사회주의자들과 급진주의자들이 노동당이 변화를 이룰 가장 효과적인 수단이라고 확신하며 노동당에 가입하는 경우가 늘어났다. 1980년대 초에는 이런 확신이 일리 있어 보였다. 토니 벤이 좌파 개혁주의를 대표해 부당수 선거에 출마했고(아주 근소한 차이로 패배했다) 노동당이 런던광역시의회GLC를 포함해 많은 지방정부를 여전히 장악했기 때문이다. 이 운동은 동성애자 권리를 확대하고 싶어 한 게이와 레즈비언 활동가들의 관심을 집중시켰다. 그러나 노동당 내 좌파 진보 정치의 전진으로 보인 이 운동은 심각한 문제에 직면했다.

스톤월 항쟁과 그 결과로 탄생한 운동은 엄청난 영향력을 미쳤고 성소수자들에게 훌륭한 성과를 안겨 줬다. 심지어 투쟁이 정점에서 멀어진 뒤에도 사회 곳곳에서 여전히 그 성과들이 느껴질 정도였다. 그러나 그런 성과는 자본주의가 스스로를 다시 안정시키려 하는 맥락에서 쟁취될 수 있었던 것이다. 스톤월 항쟁을 일으킨 사람들이 제시한 전망, 즉 "모든 사람을 위한 완전한 성 해방"이 이뤄지는 사회라는 전망은 실현되지 않았다. "모든 기존 사회제도"를 철폐할 혁명은 일어나지 않았다. "우리가 지배자들로부터 힘들여 따낸 개혁은 불안정하고 다시 빼앗길 수 있는 것"이라던 영국 동성애자해방전선의 경고는 잊힌 듯하다. 새로운 자유를 누린 많은 레즈비언과 게이는 그 경고를 별로 귀담아 듣지 않았다. 그러나 그 때문에 우리 편이 성취한 승리에는 실질적 한계가 있었다. 또 운동의 후퇴가 낳은 협소한 정치로 곧 다가올 새로운 공격에 대항하는 것은 역부족임이 입증됐다.

1984년 영국 캠던에서 열린 '광원들과 변태들의 무도회' 포스터.

chapter 5

대처, 에이즈,
동성애자 자긍심 행진에 참여한 광원들

1960년대를 거친 뒤 세계는 결코 예전과 같을 수 없었다. 전
세계에서 착취당하고 억압받던 수백만 명이 중요한 승리를 쟁취
했고 한동안 부자들과 권력자들은 위기에 봉착했다고 느꼈다.
그러나 1970년대 중반을 넘어서자 이런 변화를 몰고 온 투쟁들
은 약화됐다. 사회는 바뀌긴 했어도 근본적으로는 여전히 불평
등했고 정부와 대기업은 이런 사회를 운영하는 데 노동조합과
사회운동을 체계적으로 포섭하려 했다.

영국과 미국에서 대처와 레이건이 당선한 것은 이런 상황을 반
영했다. 사회의 세력균형을 다시 지배계급 쪽으로 기울게 만드는
것이 그들에게 사활적 문제였다. 그러려면 조직 노동자의 힘을 꺾
고 1960년대의 유산을 청산하려고 노력해야 했다. 그렇지만 대처

와 레이건 둘 모두 자신들의 세력과 영향력이 크게 약화된 상황에서 집권했다. 또 흑인과 여성, 동성애자 권리에 훨씬 더 우호적인 새로운 사회적 합의에 직면해 있었다. 이 때문에 그들은 처음에 누구를 어떻게 공격할지 매우 조심스러울 수밖에 없었다.

영국에서는 산업 투쟁이 저항의 중심이었기 때문에 보수당은 전면전을 피하고 가장 전투적인 노동자 집단을 하나씩 분쇄하는 전략을 추구했다. 일부 노동자들을 공격하면서 다른 노동자들에게는 양보하는 식이었는데, 마침내 광원들과의 대결에서 정점에 달했다. 광원들은 1974년 보수당 정부를 무너뜨린, 영국에서 가장 잘 조직된 노동자 집단 가운데 하나였다. 1년에 걸쳐 파업을 벌인 광원들은 1985년 패배했다. 앞선 수십 년 동안 노동자들이 거둔 승리는 레즈비언과 게이 사이에서 혁명적 변화의 가능성에 대한 자신감을 높이는 데 도움이 됐다. 이제 노동자들이 패배하자 레즈비언과 게이 역시 공격받는 전혀 다른 상황이 조성됐다.

우파의 재건

대처와 레이건은 사회 쟁점들에 대한 새로운 우파적 합의를 구축하려 했다. 이것은 폭넓은 세력을 끌어당길 수 있는 이데올로기 구심을 제공한 한편, 그들이 공격하고 싶어 한 사람들 사이에 분열을 조장했다. 예를 들어 영국에서는 한부모부터 '외부인'(이주민)까지 여러 사회집단을 공격하고 나서야 광원들이 최종적으로 '내부의 적'이 됐다.

심지어 이런 영역에서도, 일부 공격은 노골적으로 이뤄질 수 없었다. 그래서 대처는 여성이나 동성애자 권리를 전면 공격하지 않고 '가족 가치'의 중요성이나 한부모 문제를 언급했다. 그러나 이 때문에 특정 피엽압 집단에 더 분명하게 적대감을 드러내는 유난스러운 부류가 성장할 수 있는 토양이 마련됐다. 예를 들면, 미국에서는 1970년대 말 '도덕적 다수'라는 단체와 종교 우파 주위에 상당한 지지층이 생겨났고 그들이 1980년 대선에서 레이건에게 엄청난 자금과 결정적 지지표를 제공했다. 이런 집단들이 미국에서 동성애자와 여성의 권리를 후퇴시키기 위한 운동에 앞장섰다. 그런 운동이 항상 정부 정책으로 이어진 것은 아니었지만 우파가 자신의 의제를 밀어붙이기 더 쉬운 분위기를 조성하는 데 일조했다.

영국에서 이런 투쟁을 촉발한 한 가지 요인은 노동당 좌파 지방정부들에 대한 보수당의 공격이었다. 1980년대 초 노동당은 런던, 글래스고, 맨체스터, 버밍엄, 리버풀, 셰필드, 뉴캐슬, 리즈, 에든버러, 브래드퍼드 등 150곳이 넘는 지방정부를 운영했고 그 가운데 일부는 [노동당] 좌파의 영향 아래 있었다. 동성애자 억압과 여성 억압, 인종차별에 맞선 운동에 참여한 노동당 활동가들이 지방정부에서 직책을 맡았다. 지방정부에 고용된 노동자가 당시 전체 노동조합원의 20퍼센트에 달했으므로 지방정부는 강력한 작업장 조직의 구심이기도 했다. 이 '사회주의 시청'이라는 왕관의 보석은 런던광역시의회였다. 1981년 선거에서 노동당이 100만 표를 얻었고 '빨갱이 켄'으로 알려진 켄 리빙스턴이 런던광역시의회 노동당 의원단 대표로 선출됐다.

런던광역시의회와 좌파 지방정부들의 진보적 정책들은 대처가 대표한 것들을 증오한 사람들에게 구심점을 제공했다. 보수당이 복지를 삭감하고 부자에게 유리하게 부를 재분배하려 애쓰던 시기에 노동당 지방정부들은 "복지 삭감 반대, 집세 인상 반대, 지방세 인상 반대"를 공약했다. 런던광역시의회는 '공정 요금' 정책 아래 대중교통 요금을 대폭 낮췄고 국회의사당 맞은편에 있는 시의회 건물 꼭대기에 실업률 증가를 보여 주는 대형 간판을 설치해 대량 실업(이것이 1981년에 일련의 도심 폭동이 일어난 한 가지 이유였다)을 비판했다.

리빙스턴을 비롯한 노동당 좌파 정치인들은 여러 정치 쟁점에 대해 강경하고 공개적인 견해를 밝혀 보수당의 새로운 이데올로기 합의에도 도전했다. 특히 차별 해소책을 적극 추진했고 동성애 혐오와 인종차별, 성차별에 반대하는 인식 개선 캠페인을 대대적으로 벌였다. 게이와 레즈비언 활동가들은 재정 지원을 받아 동성애자 지원 센터를 세웠다. 동성애자에 대한 긍정적 이미지를 증진시키려고 지하철과 버스 광고 캠페인도 벌였고 사용자와 지방정부가 차별에 맞서 적극적 조치를 취하도록 장려했다. 예를 들어, 런던광역시의회의 레즈비언게이헌장은 학교에서 "레즈비언과 게이 학생들이 동성애 경험의 부정적 이미지가 아니라 풍부함과 다양성이 반영된 교육을 받아야 한다"고 촉구했다.

이런 활동들은 좌파와 동성애자 활동가들 사이에서 지방정부를 통해 많은 성과를 얻을 수 있다는 커다란 낙관과 기대를 자아냈다. 좌파 서점의 구석방에서 열악한 상담 지원 센터를 운영하던 사람들이 이제 예산이 배정된 위원회를 운영했다. 이 때문에 한 게이 활동가가 말했듯이 "거리를 벗어나 위원회로" 이동하는 움직임이 강화됐다. 사실 이 전략으로 성취할 수 있는 것에는 뚜렷한 한계가 있었다. 리빙스턴은 의원단 대표로 선출된 뒤 다음과 같이 주장했다.

사람들이 런던광역시의회가 런던의 삶을 변혁하거나 정부를 무너뜨릴 혁명적 지방정부가 될 것이라고 착각하는 일이 없게 하려 합니다. … 우리의 공약은 혁명적이지 않습니다. [그렇지만] 실현된다면 중요한 돌파구가 될 것입니다. 순전히 개혁주의적 기준으로 보면 대담한 조치이기 때문입니다. 우리의 공약은 자본주의 사회가 수용할 수 있는, 원치는 않아도 받아들일 수 있는 조치입니다. 우리의 공약은 대부분 다른 곳에서, 흔히 결코 사회주의적이지 않은 정부들이 이미 시행하고 있는 것들입니다.

그러나 보수당은 자신들을 반대하는 초점이 될 수 있는 것은 모조리 파괴하고 싶어 했다. 이를 위해 그들은 지방정부 재정 지원을 삭감했고 동성애자와 여성, 소수인종을 지원하는 소위 '정신 나간 좌파' 정책을 집중 비난했다. 이런 정책을 조직 노동자와 좌파로 공격을 확대하는 데 이용할 수 있는 손쉬운 표적으로 여긴 것이다.

동시에 보수당은 다양한 노동자 부문과 잇달아 전투를 치르고 있었다. 몇 차례 승리를 거두자 보수당은 이제 영국에서 가장 강력한 조직 노동자 집단 가운데 하나인 광원들과 맞붙을 자신감이 생겼다.

'내부의 적'의 반격

1984년 초 대량 해고와 탄광 폐쇄 계획이 발표됐다. 3월에 전국적 파업이 시작됐다. 1년 동안 계속된 이 파업은 유럽 역사상 가장 큰 파업이었고 결정적 전투였다. 파업이 한창일 때 대처는 석탄공사 사장 이언 맥그레거에게 "당신 손에 이 정부의 운명이 걸려 있습니다" 하고 말했고 정부가 패배할 수 있다는 두려움을 여러 번 털어놓았다. 광원들의 패배는 결코 불가피하지 않았지만, 전체 노동계급 운동에 엄청난 타격이었다.

그러나 이와 별개로 파업 과정에서 아주 뜻밖의 일이 벌어져 성 해방을 위한 투쟁에 오랫동안 긍정적 영향을 미치게 됐다.

파업 기간 동안 전 국민이 광원들을 지지해야 할지 말지를 토론했다. 수많은 노동자들이 자신이 속한 노동조합, 작업장, 지역에서 연대를 건설했다. 이런 상황에서 광원들의 대의를 알리며 파업기금을 모금하던 몇몇 활동가들이 런던에서 '광원들을 지지하는 동성애자들LGSM'을 만들고 활동을 시작했다. 동성애자 술집과 클럽을 돌며 모금을 하고, 공개 모임과 공연을 열고, 에드워드 카펜터 낭독회와 "동지들의 사랑" 같은 시 낭송회와 연극을 조직하고, 티셔츠와 배지를 만들었다. 머잖아 비슷한 모임 10여 개가 전국 각지에 세워졌다.

모든 동성애자들이 이 활동을 환영하지는 않았다. 일부 동성애자 업소 매니저들은 "손님을 협박한다"는 이유로 활동가들을 쫓아냈고 일부 사람들은 이의를 제기했다. 어떤 동성애자들은 다음과 같이 말했다. "왜 광원들을 지지하죠? 그 사람들이 우리한테 뭘 해 줬다고?" "당신네는 광원들이 아니라 에이즈 환자를 지원하는 우리 단체를 위한 모금을 해야죠." 파업 지지 모임 참여자들은 여러 기발한 답변을 생각해 냈다.

광원들이 우리를 지지하지 않는다는 게 무슨 뜻입니까? 광원들은 석탄을 캡니다. 그 석탄이 연료가 돼 전기를 만들고 그 전기로 이 디스코텍에 불을 밝힙니다. 당신이 갱도에 내려가서 석탄을 캘 겁니까? 내가 광원들을 지지하는 한 가지 이유는 그들이 땅속에서 석탄을 캔다는 겁니다. 나는 하지 않을 거니까요!¹¹⁶

일부 광원들도 자신들과 동성애자들 사이에 공통의 이해관계가 있다는 것에 도무지 회의적이었다. 많은 광원들이 인간관계가 촘촘히 엮인 마을 공동체에서 살았고 동성애자들을 만난 경험도 거의 없었다. '광원들을 지지하는 동성애자들' 창립자 한 명이 말했듯이, "듈레이지원단이 [지원하고 싶다고 제안하는 — 지은이] 우리의 편지를 처음 받았을 때 적잖은 사람들이 의아해했다. 어떤 광원들은 대놓고 적대감을 드러내며 우리를 사우스웨일스의 웃음거리로 만들자고 얘기했다."¹¹⁷

투쟁은 이 모든 것을 바꿔 놨다. 게이와 레즈비언은 연대를 실천한 덕분에 존중받게 됐고, 언론에서 매도당하고 경찰에게 두들겨 맞은 광원들은 비슷한 대우를 받는 다른 집단을 지지할 필요성을 깨닫기 시작했다. 사우스웨일스여성지원단 사무국장인 시안 제임스는 다음과 같이 썼다.

우리는 레즈비언과 게이를 외면했다. 우리는 그들과 아무 상관이 없었고 그들도 우리와 아무 상관이 없었다. 그들에게 안타까움을 느끼더라도 뭘 할 수 있겠는가. 오랫동안 우리의 태도는 그런 식이었다. 그런데 갑자기 우리가 동네북이 됐다. 경찰, 언론, 국가가 우리를 공격하고 있었다. … 사람들은 억압받는 집단의 일원이 되고 나서야 억압받는 집단에게 공감할 수 있다.[118]

어울릴 것 같지 않던 두 집단이 공통의 적을 상대하고 있음을 깨닫기 시작하면서 새로운 단결이 구축됐다. 1984년 캠던에서 '광원들과 변태들의 무도회'가 열려 1500명이 참가하고 5000파운드의 파업기금이 모였다. 이 자리에서 한 광원은 이 새로운 단결을 다음과 같이 감동적으로 표현했다.

여러분은 "실업수당이 아니라 석탄을"이라는 우리의 배지를 달았습니다. 여러분은 괴롭힘이 무엇을 뜻하는지 알고 우리도 그렇습니다. 이제 우리가 여러분의 배지를 달 것입니다. 여러분을 지지할 것입니다. 하룻밤 사이에 변하지는 않겠지만 이제 14만 광원들은 다른 대의와 문제가 있다는 것을 깨달았습니다. 우리는 흑인과 동성애자와 핵군축에 대해 압니다. 다시는 예전과 같지 않을 것입니다.[119]

그리고 그들은 정말로 동성애자들을 지지했다. 사우스웨일스

블리넌트 지부 광원들은 1985년 동성애자 자긍심 행진에 현수막을 들고 참가해 빅레드 관악대의 음악에 맞춰 공식 자긍심 행진 현수막 뒤를 따라 행진했다. 같은 해 영국노총TUC과 노동당 대회에 파견된 전국광원노조NUM 대의원들은 동성애자 권리를 지지하는 정책을 공식 채택하는 데 결정적 영향을 미쳤다. 광원 파업 경험을 통해 많은 노동조합 활동가와 사회주의자가 동성애자 권리를 확고히 지지하게 됐고 동시에 일부 레즈비언과 게이 활동가들은 노동계급 운동과 연대를 건설하는 일이 중요함을 깨달았다. 이후 몇 년 동안 훨씬 더 많은 노동조합들이 동성애자 권리 지지를 표명하고 동성애자 모임을 만들게 된다.

그러나 광원들이 패배하면서 사회의 세력균형이 결정적으로 보수당 쪽으로 기울었다. 레즈비언과 게이는 노동계급에서 강력한 동맹을 얻었지만, 그 힘을 사용할 노동자들의 자신감은 크게 약화된 상태였다. 이런 상황에서 보수당은 긴축, 민영화, 좌파에 대한 공세 등 자신들의 의제를 밀어붙일 수 있었고 동성애자 권리도 대대적으로 공격했다.

광원 파업 기간 내내 활동가들은 보수당이 노동당 좌파가 운영하는 지방정부의 재정을 공격하는 것에 저항했다. 일부 지방정부들은 법을 어기며 정부의 지방세 상한제를 따르지 않겠다고 선언했고, 광원 파업이 한창일 때 런던에서 노동자 10만 명이 파업을 벌였다. 그러나 광원 파업 패배의 여파로 저항은 실패했다.

켄 리빙스턴이 런던에 지방세 상한제를 도입했고 다른 지방정부들도 도미노처럼 뒤따랐다. 1986년 많은 진보적 활동가들의 소중한 구심이던 런던광역시의회가 폐지됐다.

이런 공격과 함께 보수당은 1987년 총선을 앞두고 반대 세력을 분열시키고 헐뜯으려고 '정신 나간 좌파'에 반대하는 운동을 오랫동안 벌였다. 신문 기사들은 "런던의 정신 나간 좌파 지역구의 소아성애 범죄"를 조심하라고 경고했고, "변태 과격분자", "동성애자 깡패", "호모섹슈얼 파시스트"를 비난했다. 보수당 하원의원들은 "사이코패스적 도착"에 대해 얘기했다. 《제니는 에릭이랑 마틴이랑 살아요》라는 책이 런던의 한 학교 도서관에 비치됐다는 언론 보도는 히스테리 반응을 불러일으켰다. 5살짜리 제니가 아빠 에릭과 그의 남자친구 마틴과 함께 빨래방에 가고 깜짝 생일파티를 준비하고 어떤 여자가 왜 거리에서 자신들에게 동성애 혐오를 표출했는지 의논하는 이야기가 그들에게는 견디기 어려웠을 것이다.

28조와 보수당의 공세

세 번째 선거 승리로 자신감을 얻은 대처는 당대회 연설에서 "아이들이 학교에서 동성애가 천부인권의 하나라고 배우고 있습니다" 하고 개탄했다.[120] 그 뒤에 공개된 한 인터뷰에서는 다음과 같이 주장했다.

그래서 그들이 사회에 자신들의 문제를 제기하고 있는데 사회란 무엇입니까? 그런 것은 없습니다! 개별 남성과 여성이 있고 가족이 있는 거죠. 어떤 정부도 사람들을 통하지 않고는 아무것도 할 수 없고 사람들은 먼저 자기 자신을 챙깁니다. 우리의 의무는 자신을 보살피는 것이고 이웃을 돕는 것은 그다음입니다.[121]

보수당은 이제 말에 그치지 않고 1885년 이후 최초로 동성애자들을 분명하게 겨냥한 반동성애법인 28조를 도입하는 것으로 나아갔다. 28조는 학교에서 동성애를 긍정적으로 다루지 못하게 완전히 금지했고 교육제도에 동성애 혐오를 끌어들이는 심각한 문제를 일으켰다. 이 조항을 처음 발의한 하원의원 데이비드 윌셔는 다음과 같은 이유를 댔다. "우리가 아는 전통적 가족이 공격받고 있다." 새로운 법규는 어떤 지방정부도 "동성애나 … 가족 관계로 위장한 동성애를 용인하도록 의도적으로 조장"해서는 안 된다고 명시했다.

물론 학교에서 동성애를 조장하고 있다는 생각은 전혀 사실이 아니었는데, 교육과정에 들어가는 내용은 이미 지방정부의 소관이 아니었기 때문이다. 그러나 보수당에게 28조는 엄청나게 중요한 상징적 가치가 있었다. 보수당은 게이와 레즈비언에게 기본권을 일부 내줄 수밖에 없더라도 동성 관계는 결코 이성애 가족의 적법한 대안으로 여겨질 수 없는 상황을 유지하려고 선을 분명히 긋고자 했다.

28조 반대 투쟁에서 결정적 구실을 한 것은 노동조합원들과 사회주의자들이었다. 조합원 수만 명을 대표한 전국 규모의 교사 노조들이 28조 반대를 표명하고 거리로 나섰다. 1988년 2월 맨체스터에서 벌어진 2만 명 규모의 행진은 영국 역사상 가장 큰 동성애자 권리 옹호 행동이었다. 뒤이어 같은 해 자긍심 행진은 3만 명이 참가하는 기록을 세웠다. 그렇지만 우리 편이 잇달아 큰 패배를 겪은 상황이다 보니 28조 통과를 막기는 어려웠다.

노동당의 태도는 이런 공격에 맞선 저항에 줄곧 방해가 됐다. 선거주의 때문에 동성애자 권리에 대한 노동당의 약속은 믿을 수 없게 됐다. 1970년대 말부터 많은 활동가들이 동성애자 쟁점에 관심을 기울이도록 열심히 투쟁했지만, 동성애자 권리를 골칫거리로 여긴 사람들은 이에 반발했다. 동성애자 권리 지지 정책을 통과시킨 노동당 당대회 토론은 심지어 당대회가 중계방송되지 않는 15분 동안 이뤄지도록 일정이 정해졌다! 1983년 버먼지 보궐선거에서 노동당 후보 피터 태첼은 언론과 상대 정당들이 선동한 악질적 동성애자 마녀사냥에 시달리며 수많은 폭행과 30번에 달하는 살해 위협을 겪었다. 자신의 집이 공격당한 뒤부터 태첼은 머리맡에 소화기와 줄사다리를 두고 잤다.[122] 노동당 당원이자 서더크 지방의회 노동당 지도자였던 존 오그레이디는 "진짜 버먼지 노동당"을 위해 태첼에 반대했다. 오그레이디는 그 지역 전 노동당 하원의원의 지원을 받았고 태첼이 "바지 앞뒤를 바꿔" 입었다고 비난하는 모습이 선거운동 기간에 촬영되기도 했다.

그런데도 노동당은 태첼에게 섹슈얼리티 공격에 응답하지 말고 사실상 벽장 속에 있으라고 지시했다. 1987년에 한 여성 후보가 친동성애자 태도를 이유로 공격받고 또다시 보궐선거에서 패배하자, 닐 키녹의 언론 담당 비서 퍼트리샤 휴잇은 다음과 같이 썼다. "동성애자 쟁점 때문에 연금생활자들 사이에서 우리가 큰 대가를 치르고 있다."[123] 이 문서는 재빨리 〈선〉에 유출돼 총선을 앞두고 벌어진 악의적 동성애 반대 캠페인에 이용됐다.

변화의 수단으로 노동당에 기대를 건 활동가들은 원칙보다 선거 승리를 우선시하는 개혁주의 조직의 한계에 부딪혔다. 1987년 무렵 노동당 당수 닐 키녹은 많은 투사들을 마녀사냥해 당에서 내쫓은 뒤 노동당이 "인간의 얼굴을 한 대처주의"를 지향한다고 말했다.

이 "기나긴 우경화 행보"에 대한 좌파의 저항은 무기력했다. 노동당의 당선 가능성이 줄어들거나 보수당의 "손에 놀아날"까 봐 당내 단결 유지를 우선시한 전략 때문이었다. 설상가상으로 좌파는 지방정부와 노동당 기구 안에서 자리를 차지하는 것에 집중했다. 이 때문에 활동가들은 현장 노동자들을 격려해 당면 공격에 맞서게 하는 진지한 노력을 기울이지 않게 됐다. 런던광역시의회를 지키기 위해 10만 명이 파업을 벌여 그런 투쟁의 잠재력을 보여 줬는데도 말이다. 이런 약점은 1980년대 초 많은 여성·동성애자·흑인 활동가들 사이에서 자리 잡은 분리주의와 정체성 정치의 영향력 때문에 더욱 강화됐다. 계급과 억압 문제를 분리하는 것은 급진적 투쟁 덕분에 명성을 쌓았지만 체제와 화해하는 데 만족하는 일단의 사람들에게 잘 들어맞았다. 그리니치 보궐선거에서 동성애자 권리가 쟁점이 된 것을 비판한 퍼트리샤 휴잇은 1980년대 초에는 좌파 지지자이자 자칭 페미니스트였다. 이렇게 일부 사회운동 활동가들이 1960년대와 1970년대에 쟁취한 성과를 지키려는 치열한 투쟁에서 패배하는 동안, 다른 일부는 그 성과를 팔아먹고 있었다.

레즈비언과 게이, 여성의 권리를 위해 비교적 자율적인 투쟁을 벌이려 한 사람들은 그런 투쟁으로는 결국 영국 사회에서 벌어지는 광범한 공격을 견뎌 낼 수 없다는 것을 깨달았다.

에이즈

이런 일들이 벌어지고 있을 때 레즈비언과 게이는 에이즈라는 거대한 시련에 직면하게 됐다. 영국과 미국에서 우파가 거둔 성공의 놀라운 모순 하나는 여성과 동성애자의 권리를 포함해 대다수 사회문제에 대한 여론조사 결과 인구 다수에서 평등에 대한 지지가 높아지지는 않았더라도 꾸준했다는 점이다.[124] 그러나 '게이 돌림병'이란 딱지가 붙은 에이즈를 둘러싸고 조장된 도덕적 공황은 시계를 거꾸로 돌릴 것만 같았다.

에이즈는 파괴적 영향을 끼쳤다. 정부가 손 놓고 앉아 아무 일도 하지 않는 동안 수만 명이 고통받다 죽었다. 또 다른 동성애자와 이성애자 수십만 명이 예방법을 몰라 감염됐다. 미국에서 환자가 최초로 발견된 것이 1979년이었는데 레이건은 1987년이 돼서야 연설에서 에이즈를 언급했다. 영국 정부는 1985년에야 에이즈에 예산을 배정했다. 두 경우 모두 공중보건에 대한 위험이 무시할 수 없을 정도로 커지자 활동가들이 벌인 치열한 캠페인에 반응한 것이었다. 그러나 너무 보잘것없고 뒤늦은 대처였다. 미국은 국민건강보험이 없고 반동성애자 공세가 더 격렬해서 에이즈의 영향이 가장 심각했다. 1988년까지 8만 2000명이 에이즈 진단을 받았는데, 그중 4만 6000명이 이미 사망한 상태였다. 뉴욕의 베이비 붐 세대 남성 동성애자들의 경우 에이즈로 인한 사망률이 50퍼센트에 달했다.[125] 감염된 사람들이 많았으므로 남성 동성애자들에게 에이즈는 연인과 친구를 잃는 지극히 개인적이면서도 가혹한 비극이었다. 그런데 그것으로는 부족하다는 듯이 레즈비언과 게이는 법적 권리가 없다는 이유로 수많은 이들이 애인의 병실에 들어가지 못하는 고통을 겪어야 했고, 중요한 의료 결정에서 배제되고 장례식에 참석하는 것도 거부당했다. 그 뒤엔 집과 유산을 잃기도 했다.

에이즈의 충격은 엄청난 혼란을 낳았다. 1970년대와 1980년 대 초의 새로운 성 개방은 투쟁의 가장 값진 성과 가운데 하나였고, 따라서 비극이 "가장 큰 기쁨을 주는 곳"을 강타했다는 것은 특히나 괴로운 일이었다.[126] 찰스 크라우트해머가 지적했듯이, "게이 돌림병"은 "동성애가 의학의 장막에서 벗어나려는 마지막 단계를 밟기 직전에" 찾아왔다.[127] 활동가들은 에이즈에 어떻게 대응할지를 두고 중대한 기로에 섰다. 처음에는 인간면역결핍 바이러스HIV의 확산 방식이나 예방법이 분명하지 않았고, 그래서 일부 사람들은 이런 문제를 공공연히 다루는 것이 동성애자에 대한 심각한 공격으로 이어질까 봐 두려워했다.

우파는 이 기회를 놓치지 않고 공세를 펼쳤다. 미국에서는 에이즈 환자에게 문신을 새겨야 한다고 주장하는 칼럼이 전국의 신문을 도배했다.[128] 레이건의 최측근 제리 폴웰은 에이즈를 "하나님의 심판"이라 부르며 동성애자들을 격리하라고 요구했고, 보수 논객 팻 뷰캐넌은 "성 혁명이 자신의 아이들을 잡아먹기 시작했다"고 떠들어 댔다. 미국 정부는 영국 보수당과 꼭 마찬가지로 동성애자에 대한 편견을 "[소수자] 할당제와 동성애자 권리의 정당"인 민주당을 두들기는 몽둥이로 이용했다. 이런 분위기에서 레이건이 1984년 재임에 성공했다.

동성애자 작가 데니스 올트먼은 최근 미국에 대해 "동성애자는 받아들이지만 동성애는 받아들이지 않는다"고 말했는데, 많은 사람들이 동성애자의 기본적 인권을 지지하는 쪽으로 넘어왔지만 동성애자의 섹슈얼리티를 포용할 준비는 돼 있지 않다는 얘기였다.[129] 우파의 일부는 이제 이 모순을 비집고 들어왔다. 팻 뷰캐넌 같은 사람은 다음과 같이 물었다. "민주당은 … 적극적 동성애자의 시민권을 연방 차원에서 보호한다는 공약을 유지할 것인가?"

영국에서도 비슷한 양상이 드러났다. 맨체스터 경찰청장 제임스 앤더튼은 다음과 같이 주장했다. "위험에 처한 사람들은 스스로 만든 똥통 속에서 허우적대고 있다."[130] 〈메일 온 선데이〉의 한 칼럼니스트는 "동성애자 각자가 탓할 것은 자신의 문란함뿐"이기 때문에 에이즈 환자들을 "사회적 낙오자"로 취급해야 한다고 주장했다. 이런 상황에서 28조가 추진됐다. 심지어 죽은 사람들마저 놀림감이 됐다. 〈데일리 메일〉은 유명 배우이자 에이즈 환자인 록 허드슨의 죽음에 대해 다음과 같이 썼다. "산송장처럼 초췌해진 채 수치스럽게 죽다."

에이즈에 대한 거짓 정보와 무대책, 동성애자에 대한 반동적 공격이 맞물려 에이즈 자체에 대한 대중의 우려가 크게 증폭됐다. 1980년대 내내 상당수 사람들이 악수로도 에이즈에 걸릴 수 있다고 생각했는데, 정부 광고에 나오는 '체액'이라는 모호한 말은 도움이 되지 않았다. 이와 함께 동성애 혐오가 늘어났다. 미국에서는 한 여론조사 결과 동성애가 사회적으로 인정되는 라이프스타일이라고 생각하는 사람의 비율이 1982년 58퍼센트에서 1983년 51퍼센트로 떨어졌다.[131] 영국에서는 1987년에 동성애 관계를 부정적으로 생각한다고 답한 사람이 74퍼센트로, 1983년보다 12퍼센트 증가했다. 압도 다수인 93퍼센트가 남성 동성애자가 아이를 입양하는 것을 허용해서는 안 된다고 생각했고(레즈비언의 경우는 83퍼센트)[132] 60퍼센트는 동성애자 교사를 해고해야 한다고 생각했다. 《게이 타임스》는 1986~89년에 55건의 남성 동성애자 살해가 있었다고 집계했다. 런던에서는 〈캐피털 게이〉라는 신문사 사무실이 불탔다.

이런 환경에서 온갖 종류의 기관이 레즈비언과 게이 차별을 적극 부추겼다. 동성애자에 대한 경찰의 괴롭힘이 증가해 1980년대 말 영국에서 남성끼리 합의한 성관계에 유죄판결을 내린 건수가 기록이 시작된 이래 최고치에 달했다.[133] 보수당가족캠페인은 "HIV 환자 책임 헌장"을 만들어 식품 가공 등 일부 직종에서 HIV 감염인 채용을 금지할 것을 요구했다.[134] 저술가이자 활동가인 제프리 윅스는 다음과 같이 기록했다. "구급차 운전사들은 차량을 소독했고, 교도관들은 에이즈에 걸린 사람을 다루기를 거부했고, 경찰관들은 동성애자 술집을 단속할 때 장갑과 방호복을 착용했으며, 극단 단원들은 동성애자 배우와 함께 일하길 거부했다. 바이러스에 감염된 아이들이 학교에 가지 못했고, 언론은 에이즈에 걸린 것으로 의심되면 유명인이나 그다지 유명하지 않은 사람이나 폭로하려고 혈안이었다."[135] 샌프란시스코의 동성애자 중심지에서는 지방정부가 소방관과 경찰관에게 응급 상황에서 동성애자들을 대할 때 사용하라고 장갑과 마스크를 지급했다.

지배계급의 에이즈 대응은 형편없이 어리석고 편견에 가득 차 있었다. 그들은 치료제를 개발하고 환자들을 돌보는 데 필요한 자원을 투입하기를 줄곧 거부했다. 이 때문에 전 세계 수백만 명이 자신이나 친구, 연인의 목숨을 대가로 지불해야 했다. 1987년 워싱턴에서 에이즈 사망자를 추모하는 퀼트 펼침 행사가 처음 열렸을 때, 각각이 한 사람의 무덤을 나타낸 가로 3피트 세로 6피트짜리 천 조각으로 이뤄진 퀼트의 크기가 축구 경기장보다 컸다. 오늘날에는 그런 퀼트가 너무 커서 미국에는 그것을 다 펼쳐 놓을 공공장소가 없을 정도다.

HIV 감염인들과 에이즈 환자들은 심신을 망가뜨리는 질병과 죽음, 엄청난 반동성애 역풍에 직면했지만 앞장서서 전투적으로 반격을 이끌었다. 국가는 지원을 거부했지만, 그들은 감염인들과 가족들에게 조언을 해 주고 실질적 도움을 주는 단체와 서비스 체계를 세웠다. 정부와 언론이 계속해서 에이즈에 대한 오해를 부추기는 동안, 활동가들은 안전한 성행위 실천을 선구적으로 도입했다.

이런 저항을 통해 한 세대가 새롭게 활동에 참가하고 조직에 가입했는데, 위기가 가장 첨예했던 미국에서 특히 두드러졌다. 예를 들어, 액트업ACT UP은 전성기에 미국 전역에 40개의 지부가 있었고 액트업의 '침묵은 죽음이다' 포스터와 분홍 삼각형 로고가 주요 도시를 자주 뒤덮었다. 액트업 모임과 활동에는 수백 명, 때때로 수천 명이 참가했다. 액트업은 에이즈 약값 인하를 요구하며 제약 회사 버로스웰컴 본사에서 연좌 농성을 벌이고 이 회사 주식을 매각하라고 촉구하며 뉴욕증권거래소에 자신들의 몸을 묶었다. 전쟁이 아니라 연구에 돈을 쓰라고 요구하며 백악관으로 행진하고 연구를 요구하며 식품의약국FDA을 점거하고 반동성애 언론사 앞에서 시위를 벌였다. 이 투쟁들은 작지만 아주 귀중한 승리를 거뒀다. 식품의약국은 신약 테스트를 서두를 수밖에 없었고 약값이 인하됐으며 실험을 통해 가짜 약이 대부분 가려졌다.

반동의 물결을 되돌리기

1980년대 말에는 한동안 동성애 혐오자들이 레즈비언과 게이의 권리를 후퇴시키는 데 성공한 듯이 보였다. 그러나 1990년대에 이르면 역전이 일시적이었고 대부분의 사람들에게 상황이 전반적으로 계속 나아지고 있음이 분명했다. 이는 법률뿐만 아니라 사회 곳곳에서 레즈비언과 게이가 눈에 띄고 참여가 늘어나는 등 모든 측면에서 나타났다. 미국에서 1985년에 진행된 한 여론조사를 보면 미국인의 25퍼센트만이 커밍아웃한 친구나 친척, 동료가 있었다. 2000년에는 그 수치가 75퍼센트로 3배가 됐다.

이 시기에 레즈비언과 게이가 계속 성과를 거둘 수 있었던 핵심 요인은 공격이 가해질 때마다 동성애자들이 다른 이들과 함께 단호하게 저항했기 때문이다. 동성애 혐오가 늘어나고 에이즈에 걸린 사람들이 절망적 상황에 처하면서 레즈비언, 게이, 양성애자, 트랜스젠더, 이성애자 활동가들이 함께 투쟁하게 됐다. 이것의 매우 긍정적인 영향 하나는 1980년대 초부터 중엽까지 지배적이었던 분리주의 정치가 일정 부분 약화됐다는 점이다. LGBT가 하나의 용어로 점차 상용화된 것은 이런 포괄성을 반영했다.

미국에서는 수천 명이 레즈비언과 게이에 대한 공격에 맞서 싸우려고 계속해서 커밍아웃했다. 때때로 그 활력과 열정은 1960년대를 연상케 했다. 1977년에 가수 애니타 브라이언트가 '우리 아이들을 지키자'는 운동을 벌여 플로리다 지역의 성적 지향 차별 금지 조례를 도로 폐지하는 데 성공하자 여러 주에서 수만 명이 시위를 벌였다. 이듬해 레즈비언과 게이 활동가들은 존 브리그스의 주민발의안 6호를 저지하려고 노동조합원들과 연대했다. 불과 몇 주 뒤 브리그스 저지 캠페인을 주도한 인물이자 최초로 커밍아웃한 동성애자 공직 당선자 중 한 사람이었던 하비 밀크가 전 동료 시의원 댄 화이트의 총에 맞아 죽었다. 밀크는 수많은 레즈비언과 게이를 고무한 인물이었는데, 살해범에게 최소 형량이 선고되자 샌프란시스코에서는 하룻밤 동안 폭동이 일어났다. 분노에 찬 이 거대한 폭동은 '화이트 나이트 폭동'으로 알려졌다. 에이즈에 맞선 용감한 반격부터 1993년 워싱턴에서 벌어진 100만 행진까지 저항은 1980년대와 1990년대 내내 이어졌다.

영국에서는 보수당의 공격에 맞서 투쟁이 잇달아 벌어졌다. 상당수가 패배로 끝났지만 이런 투쟁 덕분에 조직 노동계급 사이에서 확고한 성소수자 권리 지지층이 형성됐다. 28조는 통과됐지만 기소가 실제로 이뤄진 적은 없다. 이는 부분적으로 많은 교사들이 결국 자기 검열을 했기 때문이지만, 보수당이 노동조합원들이 이 정책을 조직적으로 반대하는지 시험하기를 부담스러워한 결과이기도 했다. 예를 들어 교사들이 "법을 어기는" 창조적 방법을 찾아낸 경우가 많았다. 내가 다닌 대학에서는 한 강사가 동성애자들이 겪는 불평등에 초점을 맞춘 사회학 수업을 했다. 수업 시간을 동성애자 권리를 옹호하는 데 썼기 때문에 강사는 학생들에게 자신이 만약 28조로 고발되면 자신을 지지할 사람이 있는지 물었다. 그러고 나서 칠판에 "질병과 죽음"이라고 쓰고 정부는 이런 얘기를 해야만 동성애자에 대한 논의가 합법이라고 한다면서 강의를 마쳤다.

광원 파업과 28조 반대 운동의 경험은 스톤월 항쟁 이전 수십 년 동안 너무나 왜곡돼 사라진 사회주의 성 정치를 실천하는 성소수자, 좌파, 노동계급 활동가층이 운동에 참여했다는 점에서 중요했다. 그러나 이런 투쟁들의 성과는 매우 모순적이었다. 활동가들은 성소수자 권리에 대한 지지를 확대할 수 있었지만, 주로 공격을 물리치는 데 초점을 맞춘 수세적 운동을 벌이고 있었다. 이런 상황에서 많은 성소수자 활동가들이 추진한 의제들은 또다시 그들을 해방의 정치에서 멀어지게 하고 개혁과 평등권에만 매몰되게 만들었다. 성장한 단체들에서 이런 접근법이 굳어졌다.

영국에서 이런 단체들 가운데 가장 주목할 곳은 스톤월그룹(훗날 스톤월로 불린)으로 28조의 여파로 발족한 단체였다. 그들은 "레즈비언, 게이, 양성애자에 대한 그런 공격이 또다시 일어나지 못하게 막기 … 위해 활동에 나섰고"[136] 완전한 법적 평등이라는 목표를 전략의 중심에 뒀다. 뒤이은 10여 년 동안 스톤월은 레즈비언, 게이, 양성애자의 상황을 극적으로 향상시킨 새로운 법적 권리를 쟁취하도록 도움으로써 이 목표를 달성해 나가는 데 중요한 기여를 했다.

그러나 개혁 입법에 성공해 형식적 평등을 달성했는데도 우리 사회에 깊숙이 뿌리박혀 지속되는 성소수자 억압에 어떻게 맞서 싸울 것인가 하는 문제는 또다시 제기됐다. 최근의 법 개정은 핵심적으로 1970년대와 1980년대에 벌어진 거대한 기층 투쟁이 개인들에게 커밍아웃할 수 있도록 자신감을 준 덕분에 가능했음을 이해하는 것이 중요하다. 근본적으로 이 덕분에 성소수자 권리에 더 우호적인 분위기가 형성되고 조직 노동자들의 사회적 힘이 성소수자 권리를 지지하게 된 것이다. 1990년대 이후 활동가들은 좀 더 수월하게 요구를 쟁취할 수 있었다.

그러나 스톤월 창립자들은 28조 저지 투쟁을 겪으며 거리 정치가 실패했다고 생각했고 이것이 스톤월을 만든 이유였다. 그들은 거리의 정치 대신 정부와 주류 정당에 영향력을 미치는 데 중점을 두는 "전문 로비 집단"을[137] 건설하기 시작해 유명 인사와 영향력 있는 기관의 지원을 받는 일단의 로비스트를 고용했다. 이런 방식은 스톤월 창립자들의 구성에서도 드러났다. 배우 이언 매켈런 경, 전 보수당 하원의원이자 언론인인 매슈 패리스, 배우 마이클 캐시먼, 활동가 리사 파워 등이 창립 멤버였다. 그 결과 스톤월은 정치적 차이를 떠나서 호소력이 있을 수 있는 매우 제한된 의제들, 즉 동등한 기회와 모범 사례 정책을 시행하도록 사용자와 기관을 압박하고 법을 개혁하는 데 집중했다.

이런 활동은 중요하지만, 동시에 사회적 명망을 추구해야 한다는 압력이 따른다. 이런 압력이 반영된 중요한 사실 하나는 스톤월이 트랜스젠더 의제를 다루지 않는다는 것이다. 사회 전반에서 성전환 혐오와 동성애 혐오가 매우 밀접히 연관되고 상황이 가장 더디게 나아지는 집단이 트랜스젠더인데도 말이다. 명망을 추구하는 활동의 문제점은 또한 우리를 지지하는 권력자에게 의존하게 된다는 것이다. 현재 스톤월은 자금의 26퍼센트를 정부 기관에서, 16퍼센트를 기업에서, 35퍼센트를 개인들에게 받는다.[138] 그런데 만약 성소수자 권리에 전반적으로 우호적이던 분위기가 바뀌고 이와 함께 개혁을 지지하는 힘 있는 자리에 있는 사람들의 의향이 바뀌면 어떻게 될까?

최근 미국 캘리포니아에서 벌어진 동성 결혼에 대한 공격은 우리의 법적 권리가 얼마나 취약한지 일깨워 준다. 일부 활동가들은 동성 결혼 방어 운동이 민주당의 지지에 과도하게 의존했다고 비판했다. 대통령 버락 오바마가 개인적으로는 동성 결혼이 불편하다고 밝혔는데도 말이다. 이 때문에 동성 결혼 반대 진영이 "캘리포니아에서는 오직 남녀 간의 혼인만이 유효하고 인정된다"고 주장했는데도 동성결혼 방어 운동을 이끈 사람들은 동성결혼을 옹호하는 주장을 강력하게 펼치지 않았고 나중에 주민발의안 8호가 통과된 뒤 거리로 쏟아져 나와 항의한 수많은 사람들을 [그 전에] 운동에 동참시키지 못했다.

우리도 비슷한 문제에 직면할 수 있다. 전문 로비 집단의 문제점은 운동을 일으키려는 정치적 지향도 그럴 수 있는 기반도 없다는 것이다. 우리의 권리를 지키는 최선의 방법이 무엇인지는 중요한 문제다. 그러나 동시에 우리는 형식적 평등에 집중하는 정치적 합의를 넘어서 변혁적 성 정치로 나아가야 한다. 해방을 목표로 한다면, 더 급진적인 의제가 필요하다.

새로운 급진주의의 모색

1990년대 초 성소수자 정치의 지평이 좁아진 것에 대한 반응 하나는 미국의 퀴어네이션Queer Nation과 영국의 아웃레이지Outrage! 가 탄생한 것이다. 액트업 출신 활동가들이 주도해 건설한 퀴어네이션은 에이즈 위기에 일조한 정부에 맞서는 전투적 반대 운동을 건설하고 기성 체제에 순응하는 다른 성소수자 단체들의 시민권 의제와 상업적 동성애자 공간에 대한 대안을 제시하려 했다. 퀴어네이션은 '이성애주의'에 맞서 직접행동과 시민 불복종 운동을 벌였고 '퀴어 문화'와 '퀴어 민족'을 예찬하는 행사를 조직했다. 여러 주요 도시에 지부가 생겨났고 그들이 조직한 일부 행동은 규모가 매우 컸다. 동성애자 폭행에 반대해 행진하고, 낙태권 옹호 시위에 참가하고, "미국의 가족 가치"에 위배된다는 이유로 레즈비언과 게이 직원을 해고한 크래커배럴 레스토랑 체인에 맞서 연좌시위와 항의를 조직한 것이 그랬다.

그러나 1994년 무렵 퀴어네이션은 침몰하고 있었다. 그들의 정치가 급속한 분열을 낳았기 때문이다. 이를테면, 이성애주의를 적으로 간주함으로써 성소수자 억압이 어떻게 전반적 억압·착취 체제에 뿌리박혀 있는지 해명하지 못했다. 당연히 이성애자 사회와 이성애자들이 문제라고 여겨졌다. 뉴욕 퀴어네이션의 창립 선언문은 "우리는 이성애자를 증오한다"고 공표했고 동성애 혐오를 직접 경험하지 않은 사람들을 향해 감정적으로 도덕적 잣대를 들이댔다.

이성애자들에게 가서 한 달 동안 남들이 보는 앞에서 동성과 손을 잡고 걸어 다녀 보기 전까지는 꺼지라고 말하라. 그들이 그러고도 살아남은 뒤에라야 여러분은 그들이 퀴어의 분노에 대해 말하는 것을 들으려 할 것이다. 그들이 그렇게 하지 않으려 한다면 입 닥치고 듣기나 하라고 말하라.[139]

이런 표현에는 수만 명이 에이즈로 죽어 가던 시대에 미국의 활동가들이 느낀 분노와 억울함이 담겨 있었지만, 억압에 맞선 투쟁의 동맹을 획득할 가능성을 기각해 버리는 결과를 낳았다. '퀴어'라는 용어를 사용한 것 자체가 그 점을 보여 줬다. 활동가들은 단순히 그 단어를 자긍심의 상징으로 사용함으로써 새로운 의미를 부여하려 했다. 한 활동가는 다음과 같이 말했다. "우리는 이 말을 씀으로써 저들의 힘을 약화시켰습니다."[140] 문제는 여전히 레즈비언과 특히 게이에게 적대적으로 사용되는 최악의 욕설에 담겨 있는 편견을 활동가 몇백 명이 없앨 수는 없었다는 것이다. 1960년대의 운동은 동성애자를 억압하는 사상과 제도에 맞서 투쟁하면서 '게이여서 자랑스럽다'와 '게이는 좋다'를 채택하고 '호모섹슈얼', '퀴어' 등의 단어를 버렸다. 반면 퀴어네이션은 '퀴어'를 적대적 세계에 맞서는 표현으로 선택했다. 그들은 다음과 같이 설명했다. "우리는 이성애 사회에서 증오의 대상이다. … 많은 레즈비언과 게이는 아침에 눈을 뜨면 즐거움gay이 아니라 분노와 역겨움을 느낀다. … 퀴어라는 단어를 쓰는 것은 세상이 우리를 어떻게 바라보는지 스스로 상기하는 한 방식이다."[141]

1980년대에 벌어진 일련의 투쟁들은 이성애자들이 어떻게 (반드시 억압을 직접 경험하지 않더라도) 성소수자 억압을 이해하고 그에 맞서 공동으로 투쟁할 수 있는지 보여 줬다. 다음과 같이 말한 광원을 기억하자. "여러분은 … 우리의 배지를 달았습니다. … 이제 우리가 여러분의 배지를 달 것입니다." 그런데 퀴어네이션은 이성애자가 문제라고 비난하고 광범한 운동의 많은 진보적 활동가들이 받아들이지 않는 언어를 사용함으로써 이렇게 서로 협력해 투쟁할 수 있는 가능성을 차단했다.

이성애자 사회가 문제라는 생각은 일부 활동가들 사이에 라이프스타일 정치의 영향력을 강화하기도 했는데, 퀴어이거나 퀴어처럼 행동하면 그 자체로 억압에 정치적으로 도전하는 것이라고 여겼기 때문이다. 한 퀴어네이션 유인물에는 다음과 같이 쓰여 있었다. "살아 있고 활동하는 퀴어인 당신은 혁명적이다."[142] 그러나 개인의 라이프스타일로는 체계적으로 우리를 억압하는 제도를 근절할 수 없으며, '핑크 머니'의 부상이 보여 준 것처럼 심지어 자본주의는 다양한 성 정체성도 돈벌이 수단으로 만들 수 있다. 아웃레이지는 발렌타인데이에 [런던] 소호의 동성애자 술집과 클럽을 기념하는 행사를 열기도 했다. 급진적 개인주의가 얼마나 쉽게 소비자 권력이라는 결코 급진적이지 않은 정치로 미끄러질 수 있는지 보여 준 사례다.

개인적 정치에 대한 이 같은 강조는 벽장 속에 있는 레즈비언과 게이에게 커밍아웃해 억압의 고통을 드러내라고 촉구하는 극단적 도덕주의와 레즈비언과 게이 유명 인사를 아웃팅하는 캠페인으로 이어졌다. 유명인과 정치인이 동성애자의 고통에 침묵을 지키고 있으니 그들도 공범이라는 생각이 그 배경이었다. 그러나 아웃팅 운동은 개인의 자유를 확대하고 동성애자 자긍심을 높이기 위해 선택할 수 있는 전술이라기보다는 추잡한 비밀을 가진 개인들을 협박하는 것으로 여겨졌다. 아웃팅 운동은 동성애자 섹슈얼리티에 관한 스캔들을 퍼뜨렸고 이 때문에 많은 사람들이 가족과 일터, 지역사회에서 커밍아웃하기가 명백히 더 힘들어졌다.

퀴어 정치는 1980년대 말에 벌어진 투쟁들에서 생겨났지만, 지적 영향력을 얻은 것은 당시 학계에서 유행한 포스트모더니즘과 포스트구조주의 덕분이었다. 포스트모더니즘과 포스트구조주의는 1968년에 사회변혁을 쟁취하려다 실패하자 체념하고 현실을 받아들이려 한 지식인 세대가 발전시켰는데, 마르크스주의의 새로운 대안을 자임하며 제시됐다. 그 이론들은 유물론을 거부하고 담론, 이데올로기, 문화가 어떻게 세상을 만드는지를 고찰했으며, 나아가 노동계급이 잠재적 변혁 세력임을 부정했다. 한 퀴어 이론가는 다음과 같이 썼다.

> 지금은 쇠퇴와 사기 저하의 시기다. 노동계급이 자본주의를 미국인의 삶에서 나타나는 불의와 불평등의 원인으로 인식한다고 볼 객관적 증표는 전혀 없다. 미국 노동계급의 최근 역사는 노동계급이 근본적 사회 변화를 위해 효과적으로 투쟁할 조직적·정치적 능력이 없다는 것을 분명히 보여 준다.[143]

퀴어 이론은 1990년대 초에 발전하면서 이런 사상의 영향을 받았지만 또한 급진 페미니즘과 정체성 정치에 대한 반발이기도 했고 퀴어 행동주의처럼 운동을 위해 더 급진적인 사상을 구축하려고 했다. 예를 들어, 미국의 학자이자 활동가인 주디스 버틀러는 페미니즘과 가부장제 이론이 젠더와 젠더 차이가 사실 사회적으로 구성되는데도 남성과 여성 사이에 타고난 차이가 있다는 생각을 받아들이는 것에 매우 비판적이었다. 버틀러는 또한 여성들이 "피부색, 섹슈얼리티, 민족, 계급, 장애 여부"에 상관없이 한목소리를 낼 수 있다는 생각에 도전했다.

퀴어 이론의 공통된 우려는 성소수자 운동이 성적 억압이나 젠더 억압이라는 전반적 구조에 도전하지 못하고 우리는 "[당신들과] 똑같다"는 것을 근거로 권리를 호소하거나 아니면 '우리'는 '정상'인과 다르다는 것을 인정하는 일단의 정체성 명칭(레즈비언, 게이, 양성애자, 트랜스젠더)을 받아들임으로써 부분적으로 [체제에] 포섭됐다는 점이었다. 통합주의적 시민권 요구와 '배제적' 정체성 정치를 대신해 '퀴어'는 전통적 성별 정체성과 게이, 레즈비언, 이성애자 같은 성 정체성 구분을 거부하는 모든 이를 포괄하는 영역이 돼야 했다. 버틀러는 다음과 같이 썼다.

퀴어는 모임에 입장하기 전에 정체성 증표를 내보일 필요가 없기를 바라는 말이다. 이성애자도 퀴어 운동에 동참할 수 있다. 양성애자도 퀴어 운동에 동참할 수 있다. 퀴어는 레즈비언인 것이 아니다. 퀴어는 게이인 것이 아니다. 퀴어는 레즈비언 특수성, 즉 내가 레즈비언이라면 특정 방식으로 욕망해야 한다는 것, 또는 내가 게이라면 특정 방식으로 욕망해야 한다는 것에 반대하는 주장이다. 퀴어는 특정한 규범성, 즉 레즈비언 정체성이나 게이 정체성은 이렇다 하는 것에 반대하는 주장이다.[144]

퀴어 이론은 1980년대에 레즈비언과 게이 활동가들의 일부 사상에서 한 발 전진한 것이었다. 특히 심각한 분열을 초래한다는 것이 입증된 분리주의를 거부하고 젠더와 섹슈얼리티가 자연적으로 정해진 것이라는 개념에 도전한 것이 그렇다. 퀴어 이론이 위반적 정치를 모색하면서 현재 존재하는 것을 넘어서는 세계를 상상할 수 있었다는 점 또한 중요하다. 대학 캠퍼스, 특히 동성애자 해방운동이 쇠퇴한 이후 주류 성소수자 정치의 협소한 지평과 다른 대안을 찾는 사람들 사이에서 퀴어 이론의 위상과 인기가 높아진 것은 아마 이 때문이었을 것이다.

그러나 퀴어 이론은 현 상태에 급진적 파열구를 낸다는 이 기획을 우리가 어떻게 성취할 것인가 하는 물음에는 대부분 답하지 못한다. 예를 들면, 우리를 억압하는 데 일조하는 젠더와 성 '구성'의 물질적 기반을 밝혀내기를 (의도적으로) 거부한다. 그 대신 "현대적 권력의 장場을 구성"하는 "언어와 정치의 법적 구조"에서 다양한 원인을 발견한다.[145] 그러나 이것은 무엇이 이런 구조들을 형성하고 어떻게 변혁할 것인가 하는 문제에 답하지 못하는 이론적 난관에 봉착해 억압에 개별적·개인적으로 저항할 필요성을 강조하는 것으로 나아간다. 그래서 버틀러는 우리가 "일상적 실천을 탈자연화"하려면 "정체화를 거부"해야 한다고 주장하고 여장에 "전복적 의도"가 있다고 찬양한다.

그러나 이것은 퀴어 이론이 벗어나려 하는 바로 그 정체성 정치로 돌아가는 것이고 체제에 아주 잠깐 부분적으로 도전하는 것밖에 할 수 없게 만든다. 마르크스주의자들은 이 난제를 풀 수 있는 길이 계급 이론에 있다고 본다. 계급 이론은 억압의 물질적 기반을 이해하고 그것을 제거할 힘이 어디 있는지 밝혀내는 열쇠다. 이런 시각으로 보면 위반적인 것은 세상을 바꾸기 위한 노동계급의 행동이다.

마지막으로 '퀴어'라는 말의 의미를 손쉽게 바꿔 진보적 정치가 사용할 수 있다는 생각은 여전히 문제다. 우리가 사용하는 언어는 우리가 벌이려 하는 투쟁에서 나와야 마땅하다. 하나의 명칭으로서 'LGBT'는 인간 사회에 존재할 수 있는 한없이 다양한 섹슈얼리티와 성별 정체성을 모두 담아내지는 못할 수 있지만, 억압에 맞선 투쟁에서 나온 정치적 용어다. 이는 자신들의 공동체나 일터에서 차별에 맞서는 대다수 사람들이 그 용어를 성소수자에게 내뱉는 갖가지 모욕적 용어와 명칭에서 한 발 전진한 것으로 여긴다는 뜻이다. 반면, '퀴어'는 여전히 대다수 사람들에게 고통스런 욕설이고 활동가 대부분이 강력히 거부한다.

인간의 성을 더 진실하게 반영하는 언어가 발전하길 원한다면, 그 과정은 성 해방을 위한 거대한 투쟁과 연결돼야 한다. 1960년대와 1970년대를 예로 들자면, '게이'라는 단어는 매우 폭넓게 성적 자유라는 사상을 연상시켰다. 누구나 톰 로빈슨의 노래 "게이라서 즐거워"를 함께 부를 수 있었다. 마찬가지로, 백인이 아닌 많은 사람들은 ['유색인' 대신] '흑인'을 정치적 저항의 용어로 폭넓게 사용했다. 이런 투쟁들이 쇠퇴하자, 그 용어들에 담긴 폭넓은 정치적 연관성도 희미해져 정치적 정체성이 아니라 좀 더 개인적인 정체성에 관한 것이 됐다.

그렇다면 우리는 성적 자유를 위한 투쟁을 세상을 변혁하려는 새로운 투쟁과 연결할 수 있는 급진적 정치를 어떻게 발전시킬 것인가? 이 질문에 답하려면 오늘날 우리가 처한 상황을 이해해야 한다.

2012년 영국 버밍엄 자긍심 행진. 수천 명의 노동조합원과 학생이 참여해 "이윤이 아니
라 자긍심", "긴축정책 반대" 등의 구호를 외쳤다. 사진 © Geoff Dexter.

chapter 6

지금 우리는: 이것이 최선일까?

1990년대 초에 이르면 영국 보수당 정부는 조직 노동계급의 핵심 부문에 타격을 입힌다는 중심 목표를 달성했다. 그러나 그 과정에서 불만이 광범하게 생겨났다. 마침내 대처 정권을 끝장 낸 주민세 폭동부터 1992년 탄광 폐쇄에 맞선 준準총파업까지 격렬한 사회적 저항이 잇달아 일어나 정부를 뿌리째 흔들었다.

보수당의 초超보수적 가족 가치 호소도 더는 먹히지 않았다. [총리] 존 메이저의 '기본으로 돌아가자' 캠페인은 보수당의 성 추문과 이중 잣대로 수렁에 빠졌다. 한편 1년 동안 이어진 광원 파업부터 28조 반대 운동까지 보수당의 공격에 맞서 노동계급이 저항한 덕분에 성소수자 권리 지지 여론이 더 광범해졌다. 심지어 보수당도 1994년에 남성 동성애자들의 성관계 동의연령을 21세에서

18세로 낮추는 것을 인정해야 했을 정도였다.

이런 사태 변화로 결국 신노동당이 1997년 총선에서 압승을 거뒀다. 많은 활동가들이 안도하며 희망에 부풀어 신노동당의 승리를 환영했다. 가장 우파적인 보수당 정부 각료 중 하나였던 마이클 포틸로가 커밍아웃한 동성애자 후보인 스티븐 트위그에게 패배해 낙선한 일은 선거의 하이라이트였다.

그러나 노동당 역시 착취율을 높이기 위해 노동계급을 무력화하려 한 부자들과 권력자들의 경제 의제를 상당수 받아들인 채 집권했다. 피터 맨덜슨은* 다음과 같이 썼다. "신노동당의 임무는 마거릿 대처가 멈춘 곳에서 앞으로 나아가는 것이지, 대처가 한 일을 모조리 없애 버리는 것이 아니다."[146]

노동당이 이런 경제정책을 추구하면서 노동당을 지지한 바로 그 사람들을 계속 공격하자 불만이 커졌다. 노동당은 지지자들이 떨어져 나가지 않도록 케케묵은 속죄양 삼기와 몇몇 사상을 동원했는데, 가족 가치도 그중 하나였다.

이런 식으로, 신노동당 정부는 성소수자 권리를 지지하는 법을 여럿 도입했지만 성 해방을 위해 투쟁하는 사람들에게 줄곧 골칫거리였다.

---

* 토니 블레어의 측근.

우리가 쟁취한 세계

영국에서 지난 20년 동안 성소수자 권리를 위해 이룬 성과는 아주 폭넓어서 변화를 위한 투쟁을 비껴간 삶의 영역은 하나도 없는 것처럼 보일 정도다. 동성애자 사제가 혼인미사를 집전하고, 영국군 잡지 《솔저》 표지에 "자긍심"이라는 제목과 나란히 동성애자 병사가 등장하고, 보수당 총리 데이비드 캐머런이 최초의 동성애자 총리는 보수당원일 것이라고 말한다.

최근 한 여론조사를 보면 90퍼센트에 가까운 사람들이 동성애자 차별 금지법을 지지하고 73퍼센트가 그런 차별에 시정 조치가 필요하다고 생각하는 것으로 나타났다.[147]

가장 중요한 변화 하나는 가장 심각한 반동성애자 법률 일부를 폐지하고 과거에 성소수자가 누리지 못하던 기본적 인권을 보장한 법률 개혁이었다. 28조가 폐지되고, 동성애자 군 복무 금지 조항이 철폐되고, 직장 내 동성애 혐오와 그 밖의 삶의 영역에서 차별에 대응할 법적 권리가 보장되고, 성전환자가 법적으로 인정받고, 시민동반자법이 도입됐다.

이런 법률 개혁은 모두 과소평가해서는 안 될 긍정적 영향을 미쳤다. 시민동반자법 덕분에 '친족' 지위가 허용되지 않아 수백만 커플이 겪어야 했던 불평등과 가슴앓이가 마침내 끝났다. 그전에는 복지 수당과 연금, 상속권을 박탈당했을 뿐 아니라 아플

때 배우자의 병상을 지킬 권리나 심지어 배우자가 죽었을 때 연락받을 권리마저 누리지 못했다. 한 세기 넘게 기성 체제가 체계적으로 거부해 온 동성애자 관계가 동반자법을 통해 인정받게 됐다. 연금생활자 커플인 로저(77세)와 퍼시(66세)는 다음과 같이 말했다.

40년 동안 함께한 … 우리의 사랑에 그런 선언이 필요한 건 아니지만 … 이 세상에 다른 라이프스타일을 가진 사람이 존재한다는 것을 다른 시민이 깨닫도록 하는 것이 중요합니다. 나이가 들수록 나는 훨씬 더 전투적으로 변했습니다. 감정적으로뿐 아니라 정치적으로도 그렇습니다.[148]

이런 사회 변화는 지난 수십 년 동안 우리가 크고 작은 집단적·개인적 투쟁을 통해 쟁취한 것이다. 이런 투쟁이 사회적 지지를 강력히 창출해 권력자들이 다시는 동성애자 권리를 그저 '소수'의 관심사로 치부하기 어렵게 만들었다. 28조 반대 투쟁은 성공하지 못했지만 조직 노동조합 운동을 동원했고 이런 분위기 덕분에 [나중에] 남성 동성애자의 동의연령을 [이성애자와] 동일하게 만들기 위한 운동이 벌어지자 존 메이저는 동성애자 배우 이언 매켈런을 다우닝 가로 초대해야 했다. 그 뒤 거의 모든 노동조합이 성소수자 모임을 만들었고 성소수자 권리를 노동조합 의제에 포함시켰다. 조합원 수가 600만 명이 넘는 이 노동조합들에서 일어난 변화는 여론 전반을 변화시키고 노동당이 변화를 가져오 도록 압력을 가하는 데 주된 구실을 했다.

여성의 권리 향상과 현대 가족 형태의 변화 또한 성소수자 권 리에 더 긍정적인 상황을 조성했다.

겨우 몇 세대 사이에 사람들이 관계를 유지하고 성생활을 하고 아이를 키우는 방식이 점점 더 다양해졌다. 이로써 전통적 가족이 약화됐고 사람들이 어떻게 살지 결정할 때 기준이 되는 가치가 변화했다. 제프리 윅스가 지적했듯이,

도덕적 보수주의자들은 대처를 전통적 가치의 수호자로 환영했다. … 사회적·도덕적 변화의 물결을 멈추고 되돌릴 사람으로 말이다. 그러나 10년이 넘는 대처의 재임 기간과 그 후임자 때도 모든 지표 는 변화가 더 빨라지고 있음을 보여 줬다.[149]

예를 들어, 2007년에 결혼한 부부의 수는 고작 23만 6000쌍 으로 1885년 기록이 시작된 이래 최저치였고 1991년보다 31퍼센 트 감소했다.[150] 동거하거나 혼자 사는 사람 수가 증가했고 혼외 출생과 한부모 가정도 늘어났다. 이 자료를 작성한 통계청은 이 런 추세가 대체로 유지되거나 더 빨라질 것으로 예상한다. 최근 한 보고서는 2031년까지 동거 커플의 수가 지금보다 3분의 2 증

가할 것으로 추정했다.[151]

이런 주요 통계 수치는 제2차세계대전 이후 일어난 자본주의 구조 변화와 사회적 격변의 지속적 영향을 반영한다. 고등교육의 확대, 여성의 대규모 노동 유입, 이혼법·낙태권·피임약 등 애정 관계와 관련한 진보가 그것이다. 또 이런 변화를 만들고 영향을 끼친 대중운동과 노동조합이 벌인 투쟁들이 있었다.

오늘날 여성들은 자신들의 할머니 시대하고만 비교해도 확연히 다른 삶을 꿈꾼다. 과거에는 많은 여성들의 전망이 아내와 어머니라는 역할에 매여 있었던 반면, 이제는 점점 더 많은 여성들이 아예 결혼을 하지 않거나 아이를 낳지 않는다. 과거에는 혼외 임신과 성관계가 수치스러운 일로 여겨져 외면당하고 심지어 정신보건법에 따라 구금될 수도 있었다.[152] 그러나 오늘날 여성은 훨씬 더 당당하게 자신의 섹슈얼리티를 표현하고 성적 욕구를 충족한다.

이것은 사람들의 성생활에 일어난 훨씬 더 광범한 변화의 일부로, 성생활은 점점 결혼·출산과 분리돼 왔다.

그 결과 다양한 방식의 관계에 대한 사람들의 태도는 가족과 관련된 관습의 제약을 훨씬 덜 받는다. 이 덕분에 성소수자가 자신의 선택에 따라 관계를 맺고 이를 공개하는 일이 더 수월해졌다. 시민동반자법 도입이 여기에 기여했음은 의심할 여지가 없다. 많은 동성 커플이 자신들의 관계를 가족과 친구, 동료에게

알릴 수 있었다. 2005년 12월 시행 이후 2만 7000여 쌍이 인연을 맺었다.[153]

성소수자들은 더욱 공개적이고 대중적인 활동을 벌여 상당한 규모의 경제를 창출했고 그 결과 일부 사업 부분과 기성 체제마저 몇몇 성소수자 권리를 지지하게 만들 수 있었다. 예를 들어, 1990년대 초 버밍엄에는 동성애자 클럽이 한 곳이었지만, 지금은 중국인 거리 바로 옆에 동성애자 거리가 있다. 이런 과정이 런던, 맨체스터, 리즈, 리버풀, 브라이턴, 마게이트, 본머스, 블랙풀 등 많은 주요 도시에서 되풀이됐다. 동성애자 공간과 함께, 술·관광·신혼여행 등 수많은 '동성애자' 상품, '동성애자' 정체성, '동성애자' 활동이 시장에 등장해 2006년 한 조사는 영국의 핑크 경제 규모가 700억 파운드에 달한다고 추산했을 정도다.[154]

시장이 커지면서 성소수자가 두려움과 괴롭힘 없이 상품을 '소비'할 수 있는 안전한 분위기를 조성하는 것이 훌륭한 사업 수완이 됐다. 동성애자 친화적인 상품을 개발하는 것도 동성애자 시장을 독점하는 동시에 동성애자의 재능과 기량을 사업에 끌어들이는 수단으로 여겨지게 됐다. 〈포춘〉이 미국의 500대 기업을 대상으로 한 조사를 보면 80퍼센트의 기업에 반反차별 정책이 있었고 그것이 "사업에 도움이 된다"고 여기는 것으로 드러났다.[155] 이로써 기성 체제의 일부는 성소수자 권리를 반대하고 다른 일부는 지지하는 상황이 생겨났다. 예를 들면 미국에서는 구글이 캘

리포니아에서 동성 결혼을 금지하려 한 주민발의안 8호 운동에
반대했다.

신노동당: 위대한 개혁 정부?

오늘날 성소수자가 누리는 성과를 이끌어 내는 데 신노동당
이 한 구실은 이런 사회 변화의 맥락 속에서 평가해야 한다. 신
노동당 집권기에 100년 된 반동성애자 법률이 철폐됐고 이제 우
리의 성소수자 권리 관련 법률은 세계에서도 손꼽힐 정도로 훌
륭한 축에 든다. 이 때문에 일부 활동가들은 노동당 정부를 완
전한 평등을 쟁취하기 위한 최상의 수단으로 여기게 됐고, 제프
리 윅스는 노동당을 "우리의 숙원인 성 혁명"을 완수하는 데 일
조할 "위대한 개혁 정부"라고 불렀다.

노동당 정부의 접근 방식이 대처와 보수당 시절과 전혀 달랐
다는 것은 분명하다(그래서 어떤 이들은 이제 재집권한 보수당
이 고약한 반동성애자 의제를 다시 들고나올 것이라고 걱정한
다). 부분적으로 이는 여론이 대체로 성소수자 권리를 지지하
는 쪽으로 옮아 간 것에 대한 반응으로, 다른 정당들도 이런 상
황을 반영할 수밖에 없었다. 성소수자 권리 향상을 요구한 활동
가들과 노동조합원들이 노동당의 지지 기반이기도 했고, 스톤

월 같은 단체들은 레즈비언·게이·양성애자 평등을 법제화하도록 조직적으로 노동당에 로비했다. 성소수자가 인구의 6퍼센트를 차지한다는 가장 최근의 통계 또한 '핑크 표'를 중요하게 여기게 만들었다.

그러나 노동당 정부는 대체로 개혁 요구를 앞장서 이끈 게 아니라 뒤따랐다. 1997년 노동당이 선거에서 승리했을 때 사람들이 외친 구호 하나가 "토니 블레어, 우리는 기다리지 않을 것이다. 28조 폐기하라!"였는데 28조는 2003년에야 폐지됐고, 다른 중요한 개혁들도 노동당의 두 번째, 세 번째 임기가 돼서야 도입됐다. 이런 개혁을 체계적이고 원칙적으로 도입한 것도 아니었다. 평등한 동의연령 보장, 동성애자 군 복무 금지 조항 철폐, 직장 내 동성애자 차별 금지법은 모두 유럽재판소의 명령에 따라 도입됐다. 애초에 노동당은 직장 내 동성애자 차별 금지법을 반대했다. 노동당은 동의연령을 낮추는 문제와 28조 폐지 등을 의회에서 처리할 때 대부분 '자유 투표'를 하기도 했다. 마치 성소수자 권리가 원칙이 아니라 양심의 문제인 양 취급한 것이다.

여전히 많은 영역에서 성소수자에게는 이중 잣대가 적용된다(시민동반자제도는 여전히 우리가 결혼할 권리를 부정한다). 다른 사회집단에게 적용된다면 응당 분노할 만한 일종의 분리 정책인 것이다. 성별 인정 증명서를 신청하려 하는 성전환자는 기혼자라면 반드시 이혼해야 한다.

노동당은 집권당의 지위를 활용해 동성애 혐오와 성전환 혐오 금지법을 만들겠다던 약속도 지키지 않았다.

성소수자에게 우호적인 여론 변화에 역행하는 듯한 영역 하나는 학교다. 스톤월의 《학교 보고서》를 보면 레즈비언, 게이, 양성애자 청소년 가운데 거의 3분의 2가 학교에서 동성애 혐오 괴롭힘을 당했다. 그러나 많은 학교들이 주저하며 아무 조치도 취하지 않고 있다. 동성애 혐오 괴롭힘이 잘못된 것이라고 공개적으로 표방하면 괴롭힘이 60퍼센트나 감소하는데도 그렇게 하는 학교는 영국 전역에서 4곳 중 1곳에 불과하다. 한 이성애자 교사는 학교에서 동성애 혐오에 대응하는 조치를 취해야 한다고 교장에게 요청했는데 "우리 학교는 아직 그런 일을 할 준비가 안 됐다"는 답을 들었다. 조사에 응한 성소수자 청소년의 60퍼센트가 자신들이 커밍아웃할 수 있는 성인이 한 명도 없는 것 같다고 말했다. 보고서에서 많은 성소수자 청소년이 커밍아웃하기보다는 자살을 시도한다고 밝힌 것은 전혀 놀라운 일이 아니다.[156]

성소수자에 대한 공격 4건 중 1건을 16~20세 청소년들이 저질렀다는 최근의 조사 결과를 고려하면 이에 대한 조치는 특히 시급하다.[157] 소호 못 폭탄 사건의* 생존자였으나 2004년 사우

---

* 1999년 런던 소호의 동성애자 술집에서 나치가 설치한 못 폭탄이 터져 3명이 죽고 70여 명이 다친 사건. 몰리는 이 술집의 바텐더였다.

스뱅크를 산책하다 결국 살해당한 데이비드 몰리 살해 사건과 2008년 한 파티에서 잠이 들었다가 끌려 나와 학대받고 폭행당하다 길거리에 버려진 마이클 코저 살해 사건의 범인은 청소년들이었다.

동성애·성전환 혐오 공격과 살해의 끔찍한 영향은 피해자나 그 가족에게만 미치지 않는다. 모든 성소수자가 자신들에 대한 편견과 증오가 한순간에 더 위험한 것으로 바뀔 수 있다는 두려움 속에서 살아간다.

그러나 동성애를 혐오하는 소수의 깡패만이 성소수자들이 직면한 유일한 문제라고 생각하면 오산이다. 2008년 영국 동성애 혐오 범죄 조사를 보면, 동성애 혐오 범죄 신고 건수의 고작 1퍼센트만 유죄판결을 받았다.[158] 이 수치는 스티븐 로런스 조사에서* 드러난 제도적 인종차별과 마찬가지로 사법제도와 사회 전반에 동성애 혐오와 성전환 혐오가 일상이 돼 있음을 보여 준다.

최근의 한 고용 조사에서는 레즈비언과 게이 5명 중 1명이 지난 5년 사이에 동성애 혐오 괴롭힘을 겪은 것으로 드러났다.[159] 이것은 레즈비언·게이·양성애자 노동조합원 450명 가운데 44퍼센트가 괴롭힘, 해고 등 다양한 차별을 당했다는 것을 보여 준

---

* 1993년 런던 엘섬에서 흑인 청소년 스티븐 로런스가 5명의 나치에게 살해당한 사건. 1999년에 진상조사위원회가 꾸려졌고 2012년에야 2명에게 유죄가 선고됐다.

노총 보고서와 일맥상통한다. 한 사무직 노동자는 책상 위에 [목매 죽으라고] 올가미가 놓여 있었고, 한 소방관은 에이즈에 걸렸을 거라며 욕설을 퍼붓는 전화에 여러 차례 시달렸다고 한다.[160]

1987년 영국 최초로 동성애자 입맞춤 장면이 나온 드라마 〈이스트엔더스〉는 '외설'을 보여 줬다는 이유로 타블로이드 신문들한테 "이스트벤더스"라는* 비난을 들었다. 요즘 그레이엄 노턴 같은 텔레비전 진행자와 〈엘 워드〉 같은 드라마를 보면 그 뒤 많은 변화가 있었음을 알 수 있다. 그렇지만 2006년 황금 시간대에 BBC1과 BBC2에서 방영된 196시간 중에 레즈비언과 게이가 긍정적으로 그려진 시간은 고작 6분에 불과했다.[161] 절반 이상은 레즈비언과 게이를 농담 소재로 다뤘다. 크리스 모일스가 600만 청취자를 상대로 벨 소리가 "쓰레기 같다"고 하면서 "게이"라는 단어를 사용해 사람들이 항의했는데 BBC는 아무런 조치도 취하지 않았다. 〈데일리 메일〉에 잰 모이어가 동성애자 가수 스티븐 게이틀리의 죽음이 부자연스러운 라이프스타일의 결과라고 암시하는 기사를 쓴 뒤 언론고충처리위원회PCC에는 게이틀리의 시민동반자가 제기한 것을 포함해 2만 5000건이 넘는 불만이 접수됐는데, 이는 기록적 수치였다. 그러나 위원회는 "기사에서 편견을 조장하는 어떤 언어도" 확인할 수 없다고 주장했다. 2008년

* 벤더는 남성 동성애자를 모욕적으로 일컫는 속어다.

조너선 로스와 러셀 브랜드가 [원로 배우 앤드루 작스에게] 장난으로 음란한 음성 메시지를 남겼다가 출연 정지와 사직, 심지어 총리의 비판까지 받은 '작스게이트' 소동과는 분명히 대조된다.

최근 고위 정치인 여러 명이 동성애자임을 공개적으로 인정했다. 그러나 노동당이 집권한 의회에 커밍아웃한 레즈비언은 단한 명뿐이었고 총리 고든 브라운은 2009년 자긍심 행진 참석 요청을 '안전'을 이유로 거절하고 그 대신 아내 세라 브라운을 보냈다.

이렇듯 영국은 법적 권리와 현실 사이에 격차가 여전히 크다. 많은 성소수자가 아직도 억압받고 차별당하는 것이 자명한 현실이다.

새로운 법이 마련됐지만, 옛 법이 계속해서 성인들의 동성애를 금지하는 데 이용되고 있다. 2008년 70세 남성이 공공장소에서 동성애를 한 혐의로 체포돼 기소됐다. 그 남성은 재판이 시작되기 전에 목을 매 자살했다. 그 긴 세월 동안 일어난 변화를 그는 분명히 모두 목격했을 것이다. 과연 그는 우리가 정말로 "다 이뤘다"고 느꼈을까?

오늘날에는 성소수자 커뮤니티를 두고 마치 우리가 모두 하나의 행복한 가족인 것처럼 얘기하는 일이 아주 흔하다. 그러나 현실은 단지 경험뿐 아니라 정치와 계급적 이해관계에 따라서 실질적 분열이 존재한다는 것이다. 물론 단지 자신의 부나 계급만으로 억압에서 벗어날 수 있는 사람은 없다. 커밍아웃한 뒤 끊임없는 괴롭힘에 시달리다 자살한 저스틴 패셔누는 최초로 이적료가 100만 파운드에 달한 흑인 축구 선수였다. 이것은 억압받는 사람이 어느 계급에 속하든 모든 억압에 맞서야 한다는 사실을 처절하게 일깨워 준다.

그렇지만 대개 돈이 있으면 선택지가 늘어나기 마련이다. 동성애 혐오를 겪지 않거나 덜 겪을 가능성이 훨씬 큰 라이프스타일을 누리기 때문이다. 젊은 성소수자가 가족에게 거부당할 때 직면하는 주된 문제는 갈 곳이 없어지는 것이다. 반면 동성애자 노동당 의원 크리스 브라이언트는 자신의 선거구에 있는 집에 누군가 "음란한 낙서"를 하자 집을 "두 번 옮겼다"고 하고 그 과정에서 7만 7000파운드의 이익을 남겼다고 한다.

스톤월 사무총장 벤 서머스킬이 편집한 《지금 우리는》은 21세기 레즈비언과 게이의 삶을 작가, 컨설턴트, 언론인, 경찰 간부, 피아니스트, 편집장 같은 다양한 중간계급 전문직 종사자와 한 노동조합 간부의 경험을 통해 짤막하게 보여 준다. 그들은 대부분 자신이 겪은 동성애 혐오 경험을 이야기하지만 주로 커밍아웃 문제와 관련된 것이고 차별은 과거지사라는 데 의견이 일치한다. 예를 들어, 매슈 패리스는 글을 마치면서 다음과 같이 제안한다. "우리 자신이 특별하다고 생각하는 일은 그만두자 … 자기 연민이야말로 최후의 벽장이며 타인의 동정은 마지막 족쇄다."[162]

이런 묘사는 많은 성소수자가 출근길, 일터, 학교, 가정, 거리에서 직면하는 어려움과는 한참 동떨어진 것이다. 이는 단순히 계급이 억압의 경험에 영향을 미친다는 것이 아니라, 우리의 일상을 이루는 주거, 건강, 교육, 노동 같은 기본 문제에서 계급이 가장 중요한 요소라는 것이다. 그런데도 동성애자 정치를 마치 단일 쟁점 문제인 양 취급하는 정치가 팽배해 있다. 이것은 그 자체로 일종의 계급 정치로, 다른 모든 것과 분리돼 자신의 섹슈얼리티나 성별 정체성에서 비롯한 장벽만을 걱정하면 되는 특권을 지닌 사람들에게 꼭 들어맞는다.

게다가 이런 정치는 권력자들이 성소수자 의제를 자신들의 목적에 이용하려는 시도를 용이하게 해 주기도 했다. 그 결과 우리는 2010년 선거운동 기간에 보수당과 노동당이 누가 '핑크 표'를 얻을 자격이 있는지를 놓고 다투는 꼴을 봐야 했다. 수많은 사람들에게 재앙이었던 두 정당의 전반적 정책들에 대한 논의는 뒷전으로 밀려난 듯했다.

신노동당 집권기 영국에서 성소수자 권리는 시장 자본주의의 이해관계와 가치를 반영한 사고와 결합됐다. 각 개인은 공식 권리를 통해 평등한 시민권을 누리도록 도움을 받을 수 있었지만 제도적 억압에 맞선 진정한 도전은 전혀 없었다. 인권이라는 수사는 심지어 제국주의 전쟁을 지지하는 데 동원됐다. 여성과 동성애자 권리를 이용해 중동 점령과 침략, 수백만 명을 죽이고 피

억압 집단의 박해를 낳은 전쟁을 정당화했다.

우리의 권리를 우리에게 팔기

핑크 경제가 성장하면서 게이와 레즈비언을 시민-소비자로 재정의하는 일이 많아졌다. 사회적 공간이 확대되고 동성애자 섹슈얼리티에 대한 개방적 태도가 발전한 것은 성소수자에게 중요한 일보 전진이고 꼭 지켜 내야 한다. 그러나 대기업과 시장의 요구도 이런 성과에 영향을 미치고 왜곡했다. 선호하는 외모부터 성관계 상대를 찾는 일까지 모든 것이 돈과 시장 거래에 의해 왜곡됐다.

이론적으로 핑크 경제는 욕구가 다른 각양각색의 사람들에게 라이프스타일, 정체성, 경험을 선택할 수 있는 기회를 제공하는 매력적인 공간이다. 그러나 현실에서 핑크 경제가 하는 주된 구실은 우리가 돈을 쓰게 만드는 것만이 목적인 아주 협소한 생각과 가치를 조장하는 것이다. 우리에게 팔리는 게이 정체성은 일반적으로 날씬하고, 고급 브랜드 옷을 입고, 성적 쾌락을 추구하며, 아이러니하게도 성별 고정관념을 따른다. 그래서 세련된 게이 남성이라면 소년 같은 외모에 탄탄한 몸매, 미끈한 구릿빛 피부를 지녀야 한다. 그러니 당연히 이성애자 남성보다 게이 남성 사이에 성형수술과 식이 장애가 더 많을 뿐 아니라 증가하고 있는 것이다.

또 성소수자 세계에는 '야한 문화'가 대세가 되면서 이제 스트립쇼 나이트클럽, 포르노, 전화 대화 서비스, 성매매 등 성을 사고 소비할 기회가 넘쳐 난다. 누구나 그렇지만 특히 성소수자에게는 진정으로 성을 표현할 기회가 계속 줄어드는 사회에서 그런 시장이 성장하는 것은 당연할지도 모른다. 그러나 사태가 이렇게 발전하면서 특히 화가 나는 점은 그런 것들이 우리의 힘을 강화하는 것인 양 팔리고 흔히 모멸적 노동 형태와 인간관계를 수반한다는 것이다.

집단적 해방 대신 자리를 차지한 시장은 소비력 말고는 아무 제약도 없는 모종의 자기 개발과 자본주의의 탐욕스러운 개인주의를 반영한 철학을 제시했다.

이것은 자긍심 행진의 변화에서 가장 안타까운 모습으로 드러난다. 한때 스톤월 항쟁을 기념하는 전투적 시위였던 자긍심 행진은 기업이 후원하는 관광 상품이 돼 버렸다. 유럽의회 선거에서 나치인 영국 국민당BNP 당원 둘이 당선하고 불과 몇 달 뒤에 열린 2009년 런던 자긍심 행진의 주제는 단순히 '나와서 놀자'였다. 사상 최대의 노동조합 참가단과 수많은 젊은이들을 포함해 100만 명이 참가했고 많은 이들이 자긍심 행진의 탈정치화를 비판했다. 행진 조직자 중 하나인 폴 버럴은 이런 문제 제기에 다음과 같이 답했다.

우리가 너무 정치적이면, 절대로 옥스퍼드 가와 리젠트 가에서 자긍심 행진을 할 수 없을 것이다. 상인들이 그걸 원하지 않을 텐데 지방정부에 그들 입김이 세다. 그렇지만 자긍심 행진이 사람들을 도시로 끌어들이는 것을 보여 주면 좋아한다.[163]

이렇듯 우리는 중요한 성과를 쟁취했지만, 여전히 불평등과 억압에 의존하는 자본주의 체제가 우리의 성과를 끊임없이 위협하고 제약하고 왜곡하고 집어삼키고 있다.

신자유주의, 가족 가치, 속죄양

지난 30년 동안 모든 정당이 신자유주의 정책을 추구하면서 불평등이 심해졌다. 핵심은 노동비용을 줄이고 공공서비스를 감축하고 민영화하며 금융과 대기업 규제를 완화해 영국 자본주의의 수익성과 경쟁력을 높이려는 노력이었다. 장시간 노동, 교대근무, 목표치 달성, 단기 계약, 감시에 시달리는 노동자들이 더 많아졌고 이들에게 노동은 고역이 됐다. 공공서비스와 복지 삭감, 민영화, 시장화가 결합된 결과 전에는 사회가 책임지던 부담과 비용을 개인들이 지게 됐다. 공영주택 매각으로 지방정부들이 임대주택을 제공할 수 없게 됐고 쥐꼬리만 한 실업수당을 받는 실업자들은 극도의 가난에 허덕인다. 그사이 규제 완화 덕분에 대기업과 금융기관은 우리의 저축과 연금을 가지고 투기를 하면서 수익을 늘렸다.

신자유주의 공세는 노숙인 문제부터 학자금 부채, 사상 최악의 불평등까지 엄청난 사회문제를 낳았는데 이 모든 문제는 정부의 책임이었다. 집권 노동당이 케케묵은 속죄양 삼기와 '가족 가치'에 손을 뻗은 것은 이런 책임을 떠넘기려는 시도였다.

신자유주의 공세의 결과 하나는 과거에 국가가 제공하던 서비스와 비용을 가족이 부담해야 한다는 압력이 커진 것이다. 8세 미만 아동 100명당 보육 시설 수가 고작 7개밖에 안 되는 현실에 봉착한 노동당 장관들은 조부모들이 나서야 한다고 제안했다. 전반적으로 오늘날 양육비의 93퍼센트를 가족이 부담하는 것으로 추산된다. 한편 학비 보조금이 줄고 등록금이 도입되면서 스무 살이 넘어서도 한참 동안 부모와 함께 사는 젊은이 수가 대폭 증가했다.

필수 서비스와 보육을 값싸게 제공하는 데 가족이 중요하기 때문에 노동당 정부는 가족과 관련한 사회·도덕적 의제를 내세워 "영국의 단결"을 위한 수단이자 가족에 맞지 않는 사람들을 낙인찍는 수단으로 이용했다. 여기서 한 가지 핵심 요소는 "바람직한 사회"의 주춧돌로서 "일하는 가족"을 예찬하는 것이었다.

이와 더불어 "후드티 입은 불량배"와 강력 범죄부터 빈곤과 열악한 주거 환경에 이르기까지 온갖 사회문제를 실패한 가족 탓으로 돌리는 구빈원식 도덕이 동원됐다. 이런 언사는 구제받을 "자격 있는 빈민"과 "자격 없는 빈민"이라는 빅토리아 시대 개념과 놀랄 만큼 닮았다. 그래서 고든 브라운은 저임금 노동자 가족에게는 세액공제 혜택을 준 반면 한부모들에게는 정부 수당을 받으려면 일을 하라고 강요했다. 이처럼 노동계급 공동체를 모질게 대함으로써 1980년대 보수당조차 감히 손대지 못한 영역에까지 사회적 권위주의가 확대됐다. 청년들은 반反사회적행동금지명령ASBO과* 통행금지로 범죄자 취급을 받았고 부모들은 자녀의 행동 때문에 양육 수업이나 심지어 감옥에 가야 했다. 오늘날 캐머런은 "망가진 영국" 운운하며 이런 논리들을 퍼뜨리고 온갖 사회 병폐가 망가진 가족 때문에 발생한다고 강조한다.

이런 접근법은 또한 라이프스타일이나 인간관계에서 조금이라도 전통적 가족에 도전하는 사람들을 낙인찍는 데 일조했다. [노동당 정치인] 잭 스트로는 다음과 같이 썼다.

---

* 법원이 '반사회적 행동'에 연루된 사람에게 특정 지역의 출입이나 특정 행동(예컨대 음주나 욕설)을 하지 못하게 명령하고 이를 어기면 처벌하는 제도. 1998년 토니 블레어가 도입했다.

편견이 없다는 것이 규칙이나 질서, 안정이 없다는 것을 뜻해서는 안 된다. … 우리 사회의 도덕은 비이성적 편견이 아니라 … 이성에 바탕을 둬야 한다. 그러나 그런 사회의 성격에 대해 도덕적 판단을 내리지 않고도 우리 아이들이 자라나는 데 적합한 사회를 만들 수 있다고 착각하지는 말자. … 모든 바람직한 사회는 의무와 책임 위에 세워진다.

노동당이 성소수자 권리와 관련해 줄타기를 하는 이유는 바로 이렇게 가족에 의존하기 때문이다. 즉, 점점 더 많은 사람들이 성소수자 권리를 지지하는 시대에 우리가 어떤 "규칙"에 따라 살아야 하는지에 대해 "도덕적 판단을 내리는 것"에 의존하기 때문이다. 기성 체제의 일부는 시민동반자법을 변화 압력에 부응하는 방법일 뿐 아니라 가족제도를 보호하는 방법으로도 여긴다. 그래서 노동당은 론 데이비스 장관이 클래펌 커먼(사람들이 동성 성교 상대를 구하러 가는 지역)에 간 일이 언론에 폭로된 뒤에 "당에 오명을 안겼다"는 이유로 데이비스를 조사하고 사퇴시키며 내쳐 버렸다. 또 노동당 하원의원 고든 맥마스터는 자신의 성적 지향을 [동료 노동당 의원이] '중상모략'하자 자살했다. 신노동당에서는 한 가지 섹슈얼리티[이성애] 표현만이 용납되는 것이다.

물론 우리는 시민동반자법을 옹호해야 한다. 그러나 그 제도가 부분적으로는 가족제도에 대한 헌신과 환상을 지탱하는 구실을 한다는 것 또한 인식해야 한다. 가족은 여전히 성소수자 억압 문제의 뿌리이고, 커밍아웃한 가족 성원을 향한 폭력적 반응이나 가정 폭력, 아동 학대 같은 참상이 일어나는 장소일 수 있다.

이렇듯 우리가 쟁취한 성과는 아직도 위태롭고 불안정하며 위협받고 있다. 권력자들의 정책과 이해관계가 이런 상황에 근본적 영향을 미치고 있다. 반동적 보수 일간지 〈선〉이 가수 엘튼 존의 시민결합을 축하하기도 하지만 사우스뱅크에서는 데이비드 몰리가 맞아 죽기도 하는 상황인 것이다.

이런 살인 사건들이 비극적으로 일깨우는 바는 우리가 과거에 뿌리를 둔 한물간 편견을 극복하기 위한 전투만 치르면 되는 필연적 진보의 궤도에 올라 있는 것이 아니라는 점이다. 오히려 이 체제는 하루하루 새롭게 우리를 억압할 뿐 아니라 우리가 쟁취한 것들이 무위로 돌아갈 수 있는 상황을 만들어 낸다.

chapter_ 7

쟁취해야 할 세계

2009년 10월 30일 저녁 8000여 명이 런던 트래펄가광장에서 촛불 집회를 열었다. 몇 주 전 그곳에서 남성 동성애자인 이언 베이넘이 10대 청소년들에게 구타당해 죽었다. 트래펄가광장은 뒷골목이 아니라 런던 중심부고(런던은 전통적으로 커밍아웃하기에 가장 안전한 곳으로 여겨진 도시다) 소호의 동성애자 지역에서 걸어서 불과 5분 거리다.

같은 달 영국 국민당 당수 닉 그리핀이 BBC의 간판 프로그램인 〈퀘스천 타임〉에 출연해 남자 둘이 입 맞추는 모습은 "소름 끼친다"고 말했다. 바로 며칠 뒤 리버풀에서는 제임스 파크스가 게이바에서 나온 뒤 10여 명에게 초주검이 되도록 두들겨 맞았다. 그해의 여러 통계 자료를 보면 런던(20퍼센트)과 리버풀(40

퍼센트)뿐 아니라 글래스고(32퍼센트)와 그레이터맨체스터 주 (63퍼센트)에서도 동성애 혐오 폭행 신고가 눈에 띄게 증가했음을 알 수 있다.[164]

이런 사건들은 거대한 분노를 불러일으켰다. 그리핀의 방송 출연을 막기 위해 수천 명이 BBC를 둘러쌌고 여러 차례 경찰과 충돌했다. 나치의 황금시간대 TV 출연에 항의한 우리의 시위는 하루 종일 언론을 도배했다. 전국 곳곳에서 수백 명에서 2000명이 참여한 촛불집회가 열려 이언 베이넘 살해와 빈발하는 동성애 혐오 폭행에 항의했다. 리버풀에서는 2000명이 넘는 남녀노소 동성애자와 이성애자가 참여해 활기차게 시위를 벌였는데, 일부는 노조 깃발을 들고 참가했다. 이 집회는 동성애 혐오 공격으로 희생당한 마이클 코저의 어머니가 주도했다.

이런 항의 시위들은 반동성애 세력에게 벽장 속으로 되돌아가는 과거 회귀는 절대 없을 것이라는 강력한 메시지를 전달했고, 자긍심 행진을 제외하면 10여 년 사이 동성애 혐오에 반대하는 최대 거리 시위였다. 촛불 집회와 리버풀 시위를 개인들이 주도했다는 점을 고려하면 대단히 고무적인 일이었다.

시위에 참여한 많은 사람들은 연대의 열망과 급진적 행동을 지지하는 분위기를 보여 주기도 했다. BBC 밖에 모인 사람들은 다음과 같이 외쳤다. "우리는 흑인, 백인, 아시아인, 유대인, 동성애자다." 리버풀에서는 시위대를 뒷길로 행진하게 한 경찰의 결정에 분노한 수백 명이 쇼핑센터를 가로질러 행진해서 자신들의 도시를 되찾았다. 쇼핑객들이 발길을 멈추고 박수를 보냈고 새 구호가 등장했다. "무엇을 원하나? 해방! 언제? 지금!" 이런 일들은 아주 중요한데, 성소수자 투쟁은 거리로 나와서 급진적으로 더 광범한 세력과 연대했을 때 가장 큰 영향을 미쳤기 때문이다.

그런데 이 모든 사태를 거치며 중요한 물음이 하나 떠올랐다. 왜 지금 성소수자에 대한 공격이 늘어나고 있고 무엇을 해야 하는가?

겹쳐진 악재

성소수자 차별과 불평등이 계속되고 있기 때문에 우리는 언제든 폭행당할 위험이 있는 불안정한 상황에 있다. 그러나 오늘날 우리는 그 위험을 가중시키는 새로운 사태를 맞이하고 있다. 자본주의가 세계적 위기에 빠진 것이다. 이 위기는 금융 폭락으로 시작됐지만 이미 영국의 모든 주요 도시에서 사람들이 직장과 집을 잃는 사태로 나타나고 있다. 사회에서 가장 취약한 사람들 일부가 가장 심각한 타격을 입어서 흑인 청년의 절반 가까이가 실업 상태다. 그런데 최악의 상황은 아직 오지 않았다. 은행가들을 구제하는 데 1조 파운드 넘는 돈을 쓴 두 정부가* 우리에게는 더 많은 일자리 감축과 공공서비스 축소를 받아들이라고 하고 있다.

위기의 규모가 워낙 크기 때문에 수많은 사람들 사이에서 하원의원들의 공금 유용 비리, 은행가들이 챙긴 보너스, 불법적 전쟁에 연루된 정치체제에 대한 환멸과 분노뿐 아니라 미래에 대한 불안감이 엄청난 수준으로 자라나고 있다. 따라서 상황이 매우 불안정하고 저항의 가능성뿐 아니라 반동이 일어날 가능성도 커지고 있다. 2009년 카울리의 자동차 노동자들이 일자리를 지키기 위해 할 수 있는 일이 없다는 노조 지도자들의 말을 듣고 격분해 과일을 던지는 장면이 나오는 유튜브 동영상을 보면 분노가 저절로 투쟁으로 이어지지는 않는다는 점을 알 수 있다. "영국 일자리는 영국 노동자에게"를 요구한 노동자 시위, 영국수호동맹EDL이 도처에서 조직한 반反무슬림 폭동과 시위, 국민당의 성장은 이런 좌절이 우경화로 이어질 수도 있음을 보여 준다. 그러나 몇몇 중요한 저항이 일어나기도 했는데, 노동자들이 긴축정책에 맞서 점거와 연좌시위, 작업 중단, 전면파업을 조직해 작지만 중요한 승리를 쟁취했다.

2009년 가을 성소수자에 대한 공격이 급증한 것은 이렇듯 사

---

* 노동당 정부와 2010년에 뒤이어 집권한 보수당 정부.

회 전반에서 절망과 저항 사이에 양극화가 일어났다는 더 넓은 그림을 배경으로 이해해야 한다. 이제부터 사태가 어느 방향으로 전개되는지에 따라 성소수자의 사회적 처지가 근본적으로 달라질 것이다.

과거로 돌아갈 수 없다

돌이켜 보면 지배계급은 위기 때마다 다양한 사상을 동원해 우리 편을 분열시키고 저항이 발전하지 못하게 가로막았다. 기성 체제의 일부는 위기를 타개하려면 '새로운 마거릿 대처'가 필요하다고 말했다. 예를 들어, 〈파이낸셜 타임스〉의 마틴 울프 같은 평론가는 다음과 같이 제안했다.

임금동결을 유지하고, 임금 교섭을 분권화하고, 피고용인도 공적 연금 보험료를 일부 부담하게 하고, 복지 수당을 축소해야 한다. … 그러려면 먼저 공공 지출을 통제해야 한다. 차기 총리는 마거릿 대처만큼이나 미움받는 처지가 될 가능성이 높다. 그렇지만 대처가 즐겨 말했듯이 다른 대안은 없다. 지속 불가능한 것은 오래가지 못한다. 영국의 정책 입안자들이 필요한 결정을 자진해서 내리지 않더라도 시장이 그들을 강제할 것이다.[165]

그러나 2010년 선거에서 어느 당도 과반을 차지하지 못했다는 사실은 최근의 상황으로 의원들과 기성 정치권 전반에 대한 신뢰가 얼마나 추락했는지 보여 준다. 노동당이 가장 큰 대가를 치르며 정권을 잃었지만 보수당도 노동당 집권 13년이 자아낸 깊은 환멸에서 이득을 보지 못한 것을 보면 사람들이 대처의 당으로 되돌아가고 싶어 하지 않는다는 것을 알 수 있다. 그래서 많은 사람들이 자유민주당이 보수당과 함께 '보수-자민' 연립정부를 구성한 데 분개한다. 이것이 뜻하는 바는 사람들이 이 정부를 새로운 대처 정부로 여기지 않는다는 것이다. 영국은행 총재 머빈 킹은 긴축정책을 시행하는 정부는 한 세대 동안은 다시 집권할 수 없을 것이라고 말한다.

그렇지만 허약한 정부도 고약할 수는 있기에 잊지 말아야 할 것이 있다. 대처는 노동계급을 공격한다는 핵심 의제를 밀고 나가려고 사람들을 민족과 가족이라는 상상의 공동체에 얽매이게 하고 노동조합뿐 아니라 한부모, 이주민, 레즈비언과 게이도 내부의 적으로 규정했다.

지금은 주류 정당들이 모두 성소수자 평등을 지지하는 것처럼 보인다. 예를 들어, 보수당 당수 캐머런은 보수당이 동성애자 친화적 정당으로 거듭나게 하려고 실제로 노력한다. 캐머런은 "이제 우리는 동성애자들에게 떳떳할 수 있을 것 같습니다. … 동성애자 평등을 지지하기 때문입니다" 하고 말했고 남성 동성애자의 헌혈 금지 정책을 재검토하기로 약속했다. 그러나 〈핑크 뉴스〉 여론조사에서 보수당에 투표하겠다는 성소수자가 6퍼센트도 안 된다는 것은 보수당을 신뢰하는 사람이 거의 없다는 것을 보여 주고 마땅히 그래야 한다.[166] 캐머런 자신이 2002년 동성 커플의 입양을 반대했고, 2004년에는 28조 폐지에 반대했으며, 2008년에는 레즈비언의 체외수정 시술에 반대한 바 있다. 또, 유럽의회 선거에서 폴란드 법과정의당PiS과 동맹을 맺기도 했는데, 이 당의 당수는 "동성애 조장을 막지 않으면 인류는 멸종할 것"이라고 주장하고 소속 의원들이 동성애자를 "호모", "적극적 소아성애자"라고 비난하도록 부추기는 자다.

"동성애 혐오자와 미치광이"와 한편이라고 보수당을 비판하던 닉 클레그가 당수로 있는 자유민주당이 정부에 들어가기로 결정했지만 자유민주당이 확고하게 성소수자 권리를 지지할 것이라는 기대가 크게 생기지 않기는 마찬가지다. 자유민주당은 반동성애 인사들이 정부 요직에 임명된 것에 항의하지 않았고 '불법' 이민자 사면을 주장하던 기존 정책에서 후퇴해 결국 보수당의 이주민 제한 정책을 지지함으로써 이런 의심이 정당했음이 입증됐다.

그렇다고 해서 성소수자 권리를 과거로 되돌리려는 시도가 반

---

* LGBT를 청중으로 삼는 영국의 인터넷 언론.

드시 일어날 것이라는 얘기는 아니다. 동성애 혐오는 대체로 유권자들에게 인기가 없기 때문이다. 그렇지만 이번 연립정부는 '국익'과 전통적 가족 가치에 대한 호소를 여전히 중요한 수사로 사용할 것 같다. 복지국가에 대한 공격이 곧 대대적으로 일어나 노동계급 가족에게 실질적으로 부담이 지워질 테고 그러려면 가족의 의무와 책임이라는 사상을 강화해야 한다.

우리는 이미 권력자들이 어떤 정책과 언사로 다른 피억압 집단을 공격하도록 부추기는지 목격했다. 영국적인 것이라는 미사여구와 '테러와의 전쟁'에 수반된 이슬람 악마화, '영국인의 일자리' 요구 같은 조야한 민족주의적 경제 위기 대응책은 모두 무슬림을 향한 인종차별을 강화하고 이민자를 핍박한다. 이런 집단들이 분명 지금 가장 심하게 공격받고 있다.

우리는 반드시 이런 공격에 맞서야 하고 속죄양 삼기라는 위험한 논리를 이해한다면 더 효과적으로 맞설 수 있을 것이다. 속죄양 삼기는 성소수자를 포함해 온갖 종류의 사회집단으로 확장될 수 있다.

국민당의 성장은 가장 우려스러운 신호다. 국민당은 정장을 입고 영국인 '정체성'이라는 말로 인종차별을 포장함으로써 파시스트 사상을 감추려고 애썼다. 그러나 국민당 지도자들이 하는 말과 행동을 보면 국민당은 의심할 나위 없이 유대인 600만 명과 사회주의자, 집시, 노동조합원뿐 아니라 레즈비언과 게이 수십만 명을 학살한 히틀러의 나치당 전통을 따르고 있다.

국민당 당원들은 또한 영국수호동맹의 중추 구실을 해 왔다. 영국수호동맹은 축구 훌리건들의 지지를 받는 골수 인종차별주의 조직이고 스스로 인정하듯이 "국민전선NF, '피와 명예', 컴뱃 18, 영국자유전사들, 그 밖의 '자율적'으로 연계된 국수주의적 인종주의 조직들"의[*] 지지를 받는다.[167] 영국수호동맹은 도처에서 무슬림 반대 시위를 많이 조직했고 아시아인 지역 공동체에 물리적 폭력을 휘두르거나 동성애자 구역을 공격한 경우도 있었다.

경제 위기와 정치체제로부터의 전례 없는 소외를 배경으로 지배계급은 인종차별주의를 조장하고 있다. 국민당과 영국수호동맹이 위험한 것은 그들이 이런 인종차별주의를 먹고 자라기 때문이다. 그들을 물리치고 주류 정당들이 퍼뜨리는 분열적 정치를 극복하려면 리버풀과 BBC 앞에서 벌어진 시위가 보여 준 것처럼 단결의 정신에 바탕을 둔 운동을 발전시켜야 한다.

공동의 적에 맞선 단결이라는 문제는 매우 중요하다. 예를 들어 영국수호동맹은 무슬림의 동성애 혐오에 맞서 동성애자들을 보호하겠다고 주장하며 '성소수자국'을 설치했다. 유독 무슬림이 동성애를 혐오한다는 사상은 기성체제가 유포한 전반적 이슬람 혐오로 조장된 것이다. 이런 사상은 사회에서 가장 억압받는 집

---

* 모두 나치 조직이다.

단 가운데 하나를 공격하는 데 사용되는 위험한 거짓말일뿐 아니라 저항하지 않으면 결국 다른 집단도 공격할 것이다. 히틀러의 나치당에도 처음에는 공공연한 동성애자 당원들이 있었지만, 그 사실이 성소수자들의 운명이 완전히 역전되는 것을 막지는 못했다. 성소수자들은 바이마르공화국의 동성애자 중심지에서 나치의 죽음의 수용소로 끌려갔다.

우리는 또한 매년 열리는 자긍심 행진을 원래 목적대로 되돌리기 위해 노력해야 한다. 그러려면 자긍심 행진을 정치를 배제한 기업 이벤트처럼 여기는 태도에 도전해야 하고 성소수자 억압에 저항하고 다른 투쟁과 연대를 건설할 수 있는 운동을 강화하는 장으로 활용해야 한다.

'성소수자 역사의 달'도 마찬가지로 학교와 일터에서 동성애·성전환 혐오에 도전하고 어떻게 단결해 투쟁할 것인지 토론하는 기회로 삼을 수 있다. 런던 북부의 한 교사는 '성소수자 역사의 달'을 활용해 자신의 학교에서 동성애 혐오에 대응한 활동이 낳은 긍정적 효과를 다음과 같이 설명했다.

모든 과목에서 이 달[성소수자 역사의 달 — 지은이]을 기념했다. 과학 수업에서는 '동성애 유전자'에 대해, 인문학 시간에는 강제수용소에서 동성애자들이 겪은 일에 대해, 기술 수업에서는 무지개 깃발과 그 의미에 대해 토론했다. 마지막으로 전교생이 모인 수업을 시작하며 나는 'L'이 무엇을 뜻하는지 물었다. 학생 1300명이 소리 높여 "레즈비언"이라고 외쳤다. 압권은 '커밍아웃'하지 않은 동성애 자 학생이 용기를 내서 커밍아웃에 대한 노래인 조지 마이클의 "언 이지어 어페어"(더 쉬운 일)를 부르며 대미를 장식한 것이었다. 10학년 학생 한 명이 나를 불러 세워 내 수업을 들었다면서 한 얘기 가 가장 기뻤다. 앞으로는 친구들이 짜증 나게 할 때 "게이"라고 부르지 않겠다는 것이었다. 그 대신 그냥 "멍청이"라고 부르겠다고 말 했다. 그 주 내내 흐뭇한 미소가 가시질 않았다.[168]

문제는 이런 일을 시도하는 학교가 너무 적고 교장 다수와 학교 당국도 대체로 그런 활동과 담을 쌓고 있다는 것이다. 심지어 성소수자에 관해 조금이라도 긍정적인 이미지를 전달하는 학교도 아주 드문 실정이다. 우리는 노동조합원과 활동가 사이에 존재하는 광범한 네트워크를 활용해 제도화된 억압과 괴롭힘에 도전하기 시작해야 한다. 이것이 중요한 이유는 기회 균등 질문지에 체크하는 학습법과는 달리 '성소수자 역사의 달'을 통해 다른 이들의 투쟁을 지지할 필요성에 대해 진지하게 토론할 수 있고, 학생들에게 연대의 의미에 대해 생각해 보게 할 수 있고, 노동조합원들에게 법과 규제가 사람들을 보호하지 못할 때 성소수자 권리를 위해 투쟁할 가치가 있다고 설득할 수 있기 때문이다.

그러나 분열 지배의 정치를 약화시키는 데서 핵심은 우리가 공공서비스, 일자리, 주거를 지키고 더 많은 자원을 쟁취하기 위한 광범한 투쟁을 건설할 수 있느냐 하는 것이다. 그런 저항은 지배계급이 우리 편을 비난해 분열시키지 못하게 막으려면 꼭 필요하고, 서로를 탓하지 않는 진정한 대안을 제시하는 데도 도움이 된다. 광원들은 성소수자 해방을 요구하면서 파업을 시작하지는 않았지만 결국 성소수자 해방을 지지하며 행진했다. 그 투쟁을 거치며 많은 사람들이 일자리를 지키려는 자신들의 파업을 다양한 사회적 불의에 맞선 투쟁과 연결하기 시작했다. 광원 파업의 경험은 분열을 극복하고 새로운 세계관을 구축한 해방의 경험이었다.

이런 고무적인 사례는 최근에도 많다.

남아프리카공화국: 무지개 나라의 적색[*]

어떻게 남아프리카공화국이 아파르트헤이트를 물리친 뒤 헌법에서 성소수자 권리를 인정한 세계 최초의 나라가 됐는지 궁금해하는 사람들이 많다. 잔혹한 백인 정권 치하에서 동성애는

---

[*] '무지개 나라'는 데즈먼드 투투 대주교가 1949년 아파르트헤이트(인종격리정책)가 사라진 새로운 남아공을 찬미하며 한 말이다.

7년 형에 처할 수 있는 범죄였다. 다른 인종 간의 결혼과 혼외 성교가 불법이었고 군대 내 동성애자들은 전기충격요법과 성전환을 강요당했다. 남성들이 함께 춤을 추거나 어울리다가 발각되면 "성적 만족을 자극"하려 했다는 이유로 기소될 수도 있었다.[169]

아파르트헤이트를 무너뜨리려면 거대한 투쟁이 필요했다. 결국 학생, 노동자, 흑인 거주지, 교회, 실업자가 단결해 벌인 파업과 시위, 봉기로 남아공은 혁명 직전까지 갔고 정권은 자신들이 전복되기 전에 선거와 정치적 해결에 동의할 수밖에 없었다. 이 투쟁 과정에서 사람들은 남아공 성소수자들의 지위를 변화시킬 수 있었고 세계에서 가장 훌륭한 법률을 쟁취했다.

아파르트헤이트를 끝장낸 대중운동은 다른 사회에 대한 전망을 제시했다. 1996년 제정된 헌법은 수많은 사람들의 희망을 상징했다. 세계에서 가장 선진적인 인권 조항들이 담긴 헌법을 성소수자 활동가들과 인권 운동가들은 당연히 환영했다. 모든 것이 가능할 것 같았다. 세상을 다 가진 것 같았다. … 게이와 레즈비언은 이것을 법적 변화만이 아니라 수 세대에 걸친 수치심과 차별, 배제를 일소하는 것으로 여겼다.[170]

아파르트헤이트 반대 운동과 성소수자 운동은 투쟁을 통해 구축된 관계였고 활동가들 사이에 이견과 논쟁을 낳았다. 백인들이 대부분인 최대 성소수자 조직 남아공동성애자연합GASA은 수치스럽게도 아파르트헤이트에 대해 아무 태도도 취하지 않았다. 1980년대 중엽부터 흑인 거주지 봉기와 점점 더 강력해진 노동계급 운동의 여파 속에서 성소수자 조직들이 새로 출범했다. 이 조직들은 처음부터 아파르트헤이트 반대 투쟁에 헌신했고 여러 활동을 통해 두 운동을 적극 연결했다. 그 과정에서 아파르트헤이트 반대 운동의 지도적 인물 여러 명이 커밍아웃했다. 사이먼 은콜리도 그중 한 명이었다. 은콜리는 투쟁의 전진을 막으려고 날조한 혐의를 받아 수감돼 있을 때 자신의 성 정체성을 밝혔다. 모든 사람이 이런 변화를 환영한 것은 아니었다. 커밍아웃한 성소수자 활동가들은 동성애 혐오에 직면했을 뿐 아니라 성적 억압에 도전하는 것은 진정한 투쟁의 초점을 흐린다는 비판도 받았다.[171] 그러나 수세기에 걸친 뿌리 깊은 억압과 인종 차별에 맞서 여러 대중운동이 연합하고 그 운동에 투신한 활동가들의 노력이 결합되면서 남아공 성소수자들의 상황이 바뀌었다.

남아공에서 동성애자 자긍심 행진이 1990년에 처음 열린 것은 우연이 아니다. 같은 해 넬슨 만델라가 석방되고 아프리카민족회의ANC가 합법화됐다. 그 뒤 케이프타운 자긍심 행진이 수백 명 규모에서 수만 명 규모로 성장하면서 다른 도시들에서도 자신을 당당하게 드러내는 것이 가능해졌다.

남아공에서 벌어진 일은 심지어 가장 어려운 상황에서도 대중 투쟁에 사회를 변혁할 힘이 있음을 강렬하게 보여 줬다. 그 투쟁에서 결정적 요소는 강력한 파업으로 경제 전체를 마비시킨 노동계급의 힘이었다. 그 힘이 결국 인종 분리 체제를 끝장낼 뿐 아니라 성 해방을 시작하리라고 예상한 사람은 거의 없었다. 남아공의 경험은 또한 성소수자 활동가들이 광범한 투쟁과 스스로를 분리하지 않는 것이 얼마나 중요한지도 보여 준다. 남아공 동성애자연합은 잘못된 태도 때문에 아파르트헤이트 반대 투쟁만이 아니라 성 해방 투쟁에서도 쓸모없는 존재가 됐다.

이런 교훈은 영국만이 아니라 전 세계의 투쟁에도 중요하다.

국제주의와 해방 투쟁

동성애는 80개 나라에서 여전히 범죄고 적어도 10개 나라는 동성애자를 사형에 처한다.* 지난 몇 년 사이 인도에서 대영제국 시절부터 존재하던 소도미법이 폐지되는 등 중요한 성과가 있긴 했지만, 동시에 새롭게 부상하는 성소수자 조직화에 대한 저항과 반발도 볼 수 있었다. 미국 캘리포니아에서는 동성 결혼이 무

---

* 2011년 12월 유엔 보고서에 따르면 동성애가 불법인 나라는 76개고 사형에 처하는 나라는 5개다.

효가 됐다.* 많은 동유럽 나라에서 자긍심 행진 등 성소수자 활동을 공개적으로 벌이려는 시도가 금지되고 경찰 탄압을 받았다. 우간다에서는 동성애자를 사형에 처하고 레즈비언과 게이의 친구와 가족까지 처벌하는 법안이 국회에서 심의 중이다.

그런데 최근 유독 동성애에 억압적이라고 지목되는 곳은 중동이다. 분명히 중동 여러 나라에서 동성애자를 사형에 처하는 등 탄압이 심각한 것은 사실이다. 그러나 세계의 다른 곳과 마찬가지로 중동의 상황은 역사적으로나 오늘날에나 매우 다양하고 억압의 정도도 분명 단일하지 않다.

빅토리아 시대 서구에서 성 억압이 새롭게 강요되고 있었을 때, 중동은 유럽에서는 불가능한 성적 경험을 할 수 있는 장소로 여겨졌음을 기억해야 한다. 식민주의자들은 중동의 더 개방적인 성 문화를 철저히 향유하면서도, 동시에 중동을 '문명화'가 필요한 원시적 미개사회이자 서구에 대한 위협으로 묘사했다. 중동에도 억압적인 소도미법이 있는데 이 법은 식민화 이전이나 이슬람이 지배하던 시기가 아니라 영국·프랑스·이탈리아의 식민 지배기에 도입됐다. 이 시기 이후 여전히 지속되는 제국주의적 개입과 식민주의 유산이 중동 지역의 성과 섹슈얼리티 관련

---

* 5장에서 언급한 주민발의안 8호를 일컫는다. 그러나 2013년 연방 대법원의 동성 결혼 차별 위헌 판결로 캘리포니아에서도 동성 결혼이 다시 허용됐다.

법률에 계속 영향을 미치고 있다. 소도미죄를 사형에 처하는 아랍 5개 나라 가운데 수단, 예멘, 아랍에미리트는 영국 지배기에 소도미법이 도입됐다.[172]

그러나 단순히 법적 지위만 살피면 상황을 잘못 파악하게 된다. 이런 섹슈얼리티 규제가 실행되는 방식과 시점은 일정하지 않으며 흔히 정치경제적 요인 때문에 추진된다. 예를 들어, 테러와의 전쟁이 벌어지자 미국의 아프가니스탄 전쟁과 이라크 전쟁에 동참한 중동의 여러 나라에서 성소수자에 대한 도덕적 공황이 일어났다. 이 나라 정부들은 자국민이 전혀 달가워하지 않는 전쟁을 지원하고 있었고 그러다 보니 서구를 비난할 얄팍한 수단을 찾은 것이다. 이집트에서는 마침 경제도 위기였고 동성애자 공격이 정권에 대한 지지를 지탱하는 아주 유용한 수단이었다.

> 중동에서 … 동성애에 대한 태도는 (여성 인권과 인권 일반에 대한 태도와 마찬가지로) 국제정치와 얽혀 있다. … 문화적 보호주의는 제국주의적 횡포로 보이는 서구 정책에 반대하는 하나의 방식으로, 음란한 서구라는 과장된 이미지(대중의 상상 속에 여성의 알몸과 남성 동성애가 떠오르는)에 대항해 이른바 전통적 아랍 도덕을 들먹인다.[173]

그렇지만 소도미죄를 사형에 처하는 나라를 포함해 중동 지역의 많은 사람들이 이런 식의 도덕을 거부한다. 예를 들어, 이란에는 게이들이 성관계 상대를 찾으려고 모이는 유명한 지역과 장소가 있다. 활동가들에 따르면 이란 정부는 동성애가 주목받고 이 문제로 논란이 불거질까 봐 개입에 신중하다고 한다.[174] 사우디아라비아는 섹슈얼리티를 공개적으로 드러내는 게 전혀 허용되지 않지만, 쇼핑몰, 카페, 비공개 파티 등 남성 동성애자들이 만날 수 있는 장소가 많다. 익명의 한 남성 동성애자는 다음과 같이 얘기했다.

말하자면 엄청난 지하 세계를 발견했다. … 주말마다 열리는 파티에서는 늘 꿈꾸던 모든 행동을 정말로 마음대로 거리낌 없이 할 수 있었다. 동성과 춤추고 입 맞추고 포옹하고 추파를 던지고 마음에 드는 사람을 쳐다볼 수 있었다. 누가 당신을 역겹다는 듯 쳐다볼까 봐 걱정할 필요 없이 말이다. … 가끔은 학교나 직장에서 알던 사람이나 쇼핑몰에서 봤던 사람과 마주치기도 한다. 자신과 같은 성적 성향을 지녔으리라고 전혀 생각하지 않았던 사람들을 말이다.[175]

이란은 남성들의 공개적 신체 접촉에 대해서도 영국보다 훨씬 더 관대하기 때문에 남성 동성애자들은 자신을 '드러내는' 새로운 방법을 찾아내기도 한다. "요즘 … 남성 동성애자들은 옷 입는 걸로 드러내기를 할 수 있다. 내가 딱 붙거나 화려한 티셔츠를 입고 나가면 이성애자 남성들은 내가 그저 뽐내려고 한다고 생각하겠지만 … 게이들은 알아챈다."[176] 남학교와 여학교에서도 동성 관계는 드물지 않다.

이렇듯 성 정치에 관한 한 중동은 단일한 사회가 아니다. 중동에는 수많은 상충하는 공간들이 있을 뿐 아니라 투쟁이 벌어지고 있다.

함께 꿈꾸는 것을 배우기

레바논에서 중동 최초의 동성애자 조직인 헬렘(꿈이라는 뜻)은 영국의 법 개정을 다룬 1961년작 영화 〈희생자Victim〉를 창립 행사에서 상영하기로 선택했다. 이것은 레바논 상황이 1950년대 영국과 꼭 닮았다는 것을 보여 준다. 레바논에서 '부자연스러운 성교'는 범법 행위이지만 동시에 특히 시아파 지역들에는 번화한 동성애자 거리가 여러 곳 있다.

헬렘은 2001년 퀸 보트 사건(이집트 나일 강의 동성애자 나이트클럽 한 곳을 대대적으로 단속해 남성 52명을 체포하고 그중 절반 넘게 수감하면서 동성애에 대한 신경질적인 도덕적 공황을 낳은 사건) 직후 생겨났다. "변태성욕자들이 이집트에 전쟁을 선포하다" 같은 제목을 단 기사들이 신문에 실렸다. 이 사건은 중동 지역에서 각국 정부가 동성애자 탄압을 강화하던 흐름의 일환이었다. 엠네스티와 휴먼라이츠워치 모두 이런 탄압이 테러와의 전쟁 이후 급격히 증가했다고 지적했다.

헬렘의 지도적 활동가 갓산 마카렘은 이런 상황에서 "인권과 민주주의가 터무니없는 방식으로 이용됐기 때문에 제국주의의 하수인이라는 비난을 받지 않고 정당성을 획득"하려면 헬렘 활동가들이 당시 성장하던 반전운동에 참여하는 것이 사활적이었다고 주장했다.[177] 그 덕분에 헬렘은 또한 처음부터 더 광범한 운동의 중심에 있었다. 이라크와 연대하는 쟁점은 사회·민주적 권리를 위한 투쟁과 연결됐다. 2003년에 열린 대규모 국제 반전 행동의 날에 레바논에서는 처음으로 남성 동성애자들이 대중 집회에서 무지개 깃발을 들었다. 헬렘 활동가들은 "존재한다"고 적힌 티셔츠를 입고 "인디 헬렘"(마틴 루서 킹의 "나는 꿈이 있습니다"를 본뜬)이라고 적힌 배지를 달았다. 갓산 마카렘은 다음과 같이 설명했다.

우리가 이 행동을 했을 때 레바논 사회가 딱히 우리를 인정해 준 것은 아니었지만 우리 회원이 다른 단체에 참여하고 다른 조직 사람이 헬렘에 참여하는 등 눈에 띄는 활동이 늘어나면서 우리를 드러낼 공간을 창출할 수 있었습니다.[178]

2006년 이스라엘이 레바논을 침략했을 때 헬렘은 다시 한 번 전쟁 상황에 대응하는 것을 단체 활동의 중심에 두고 사무실을 난민과 구호 활동을 위한 지원 센터로 개방했다. 전쟁이라는 처참한 상황에서 헬렘은 종교 단체 등 다른 단체들과 함께 집과 삶과 사랑하는 이를 이스라엘 미사일에 잃은 사람들을 도왔다. 사람들이 협력하며 관계가 형성되고 동성애자 권리 단체로서 헬렘의 개입이 두드러지자 뜻밖의 사람들이 존경을 표했다. 헤즈볼라는* 비공식적으로 헬렘의 구호 활동에 찬사를 보냈고 자유애국운동은** 헬렘의 기여를 인정해 공로상을 수여했다. 이 시기 헬렘은 이스라엘의 레바논 공격 와중에 일부 행사를 예루살렘에서 개최한 세계 자긍심 행진을 보이콧하는 국제적 활동에도 동참했다.

이스라엘은 스스로를 성소수자의 천국이고 더 문명화됐다고 홍보하면서 레바논의 마을과 도시를 파괴한다. … 서구 활동가들이 '이슬람 파시즘' 운운하고 곧이어 점령지 예루살렘에서 세계 자긍심 행진을 개최하는 것을 정당화하는 걸 보면 이들 일부가 이슬람 혐

---

* 시아파 이슬람주의 정치조직이자 전투조직. 2006년 이스라엘의 레바논 침략을 물리치는 데 주도적 구실을 했다.

** 헤즈볼라와 동맹인 세속주의 정당.

오를 받아들이고 있음을 분명히 알 수 있다. 팔레스타인 분리 장벽만 봐도 "경계 없는 사랑"이라는 자긍심 행진의 구호는 조롱거리가 된다.

전쟁과 침략에 맞선 투쟁에 참여한 덕분에 헬렘은 더 광범한 활동가들의 네트워크와 관계를 맺고 존경을 받을 수 있었다. 서구에서 흔히 동성애를 유난히 혐오한다고 일축해 버리는 집단한테서도 말이다.

이 경험은 영국의 활동가들이 세계의 다른 지역에서 활동하는 사람들에게 연대할 수 있는 가장 효과적인 방법을 이해하는 데 중요하다.

무엇보다 우리는 다른 나라 사람들이 제국주의 개입 없이 자유롭게 투쟁을 벌일 수 있도록 싸워야 한다. 이는 자국 정부가 주된 표적이 돼야 한다는 말이다. 세계의 다른 지역들에서 진행 중인 영국의 개입에 도전하기 위해 할 수 있는 일은 많다. 이집트나 사우디아라비아 같은 정권을 군사·재정적으로 원조하는 것을 멈추도록 투쟁해야 한다. 이라크 침공 같은 전쟁에 저항하는 데도 참여할 수 있다. 이라크 전쟁으로 한 나라 전체가 황폐화됐고 100만 명이 넘는 사람들이 죽었으며, 한때 존재했던 레즈비언과 게이 공간에서 암살단이 동성애자 학살극을 벌일 수 있게 됐다. 또 사형을 당할 수 있는데도 성소수자 난민을 거리낌 없이 송환하는 영국 정부에게 성소수자 난민을 박해하지 말고 망명권을 보장하라고 주장해야 한다. 2003년 한 이란인 남성 동성애자가 영국에서 난민 신청을 거절당하자 몸에 휘발유를 붓고 분신했다.[179] 다시는 아무도 이런 상황에 내몰리지 않도록 활동을 벌여야 한다.

이런 투쟁 가운데 하나라도 성공한다면 분명 다른 나라에 사는 모든 사람들(성소수자든 아니든)의 삶에 커다란 영향을 미칠 것이다. 레바논에서 봤듯이 투쟁을 건설하는 과정은 성 해방에 관해 대화와 토론이 벌어질 수 있는 진정한 공간을 창출하는 과정이기도 하다. 예를 들어, 영국의 반전운동은 헬렘 활동가들이 무지개 현수막을 펼쳐 들고 참가한 국제 반전 행동의 날이 개최되는 데 결정적 구실을 했다. 국제 운동은 남아공의 아파르트헤이트 반대 투쟁에 연대를 건설하는 데서도 중요한 구실을 했다.

그러나 오랫동안 제국주의 침략과 인종차별을 자행한 역사가 있는 영국 같은 나라의 활동가가 세계의 다른 지역 사람들을 대신해 투쟁을 이끌 수 있다고 생각해서는 안 된다. 그런 접근 방식은 흔히 다른 나라의 현지 활동가들이 근본적 변화를 이뤄내는 데 필수적인 저항과 동맹을 건설하는 것을 더 어렵게 만든다. 예를 들어 대통령 로버트 무가베가 동성애를 "비非아프리카적"이라고 비난하는 짐바브웨에서는 어떤 운동이든 영국인이 운동을 이끄는 것은 전혀 도움이 되지 않는다. 짐바브웨의 식민지 억압과 인종차별에 가장 큰 책임이 있는 나라가 영국이기 때문이다. 그보다는 이곳에서 저항의 본보기를 건설하고 연대 호소에 응답하고 투쟁을 전진시키는 최선의 방법을 세심하게 토론함으로써 국제적으로 저항을 고무하는 데 기여할 수 있다.

어떤 변화를 위해 투쟁할 것인가?

성소수자 투쟁을 효과적으로 벌이려면 우리 시대에 영향을 미치는 폭넓은 쟁점들과 관련 맺어야 한다. 이런 종류의 투쟁은 오늘날 우리가 누리는 성과를 쟁취하는 데 중요한 구실을 했다. 그러나 해방을 쟁취하려면 아직 갈 길이 멀다.

예를 들어, 남아공에서는 아파르트헤이트 반대 투쟁 과정에서 성소수자들이 거둔 놀라운 성과 일부가 심각하게 훼손되고 있다. 헌법상 평등과 존엄의 권리는 그대로지만, 성소수자에 대한 폭력이 우려스러울 정도로 늘어났다. 1998년 이래 레즈비언 31명이 살해당한 것으로 보고됐고, 케이프타운과 요하네스버그 같은 도시에서 이른바 '치료'를 목적으로 레즈비언을 상대로 '교정 강간'을 저지르는 사건이 무섭게 증가했다.[180] 인권 단체들은 이런 상황의 근간에 가난과 실업으로 인한 극도의 절망이 있다고 본다. 남아공에서는 수많은 사람들이 깨끗한 물과 전기조차 이용하지 못하고 500만 명 넘는 이들이 HIV와 에이즈로 고통받고 있다. 아파르트헤이트에 맞서 벌어진 투쟁은 권력자들을 혁명의 두려움에 떨게 했다. 그러나 결국 새 세상이 탄생하지는 않았다. 아파르트헤이트는 무너졌지만 자본주의는 살아남았고, 새 정부는 대다수 사람들을 계속 가난과 고통에 빠뜨리는 체제를 받아들였다.

남아공의 상황은 자본주의 체제를 더 철저하게 변혁하지 않으면 가장 고무적인 투쟁의 성과조차 한계에 부딪힐 것임을 일깨워 준다.

이 때문에 우리의 투쟁들이 단결해서 자본주의에 좀 더 근본적으로 도전했을 때마다 성 해방 투쟁도 절정에 달한 것이다. 스톤월 항쟁과 그로부터 탄생한 운동은 여러 정부를 무릎 꿇린 대중운동과 파업 등 세계적 반란의 영향을 받았다. 프랑스의 대중파업에서 "상상력에 권력을"이라는 구호가 울려 퍼지고 선진 자본주의 세계에서 혁명의 가능성이 나타나자, 사람들은 "우리를 속박해 온 성차별적 사회의 장벽을 허무는" 성 해방의 전망을 제시하고 자본주의가 성에 가한 모든 제약에 저항할 자신감과 영감을 얻었다. 동성애자해방전선이 선언을 통해 밝혔듯이,

우리는 기존 사회제도가 철폐되기 전에는 아무도 완전한 성 해방을 누릴 수 없다는 각성으로 뭉친 혁명적 집단이다. 우리는 사회가

강요하는 성 역할과 우리의 본성에 대한 규정을 거부한다. 우리는 그런 역할과 단순화된 신화에 갇혀 있지 않을 것이다. 우리는 우리 자신이 될 것이다. 동시에 우리는 우애, 협력, 인간애와 자유로운 성에 바탕을 둔 새로운 사회형태와 관계를 만들어 갈 것이다. … 동성애자 해방은 단지 개혁을 뜻하지 않는다. 동성애자 해방은 우리 사회 전체의 혁명적 변화를 뜻한다.[181]

이런 전망을 가장 강렬하게 보여 준 사건은 아마 러시아 혁명일 것이다. 러시아 혁명 과정에서 사람들은 자신들의 힘을 이용해 단지 자본주의에 도전하는 것을 넘어 다른 종류의 사회, 즉 모든 이의 해방을 추구하는 사회주의를 건설하기 시작했다. 빈곤과 내전이라는 엄청난 악조건에서도, 또 동성애자 운동이 존재하지 않았는데도, 그들은 성 해방을 위한 커다란 성과를 이룩했다. 동성애가 비범죄화됐고 국가, 종교, 시장이 성 문제에 개입할 수 없다는 원칙이 선언됐다. 그러나 러시아 혁명에서 근본적으로 중요했던 것은 이런 선언이 실현될 물질적 토대를 구축하려는 했다는 점이다. 즉, 작업장부터 가장 친밀한 관계까지 사람들이 자신의 삶을 실제로 통제하도록 사회의 자원을 배치하려 한 것이다. "평화, 빵, 토지"를 요구하며 시작된 혁명이 여성의 지위를 진보의 '척도'로 삼았고 삶의 가장 개인적 측면까지 변혁했다. 그 결과 쿠르스크의 한 드랙퀸은 혁명을 "아주 거리낌 없이 별나게 행동할 자유"로 이해하기도 했고 두 여성의 결혼이 인정받기도 했다.

이것은 혁명이 사람들의 개인적 삶과 성생활에 새로운 가능성과 자유를 불어넣을 수 있는 강력한 잠재력이 있다는 점을 얼핏 보여 준다. 엥겔스는 다음과 같이 주장했다.

자본주의적 생산이 … 전복된 뒤에 성적 관계의 질서가 어떨지 지금 우리가 추측할 수 있는 것은 주로 부정적 측면들로, 대부분 사라질 것뿐이다. 그렇다면 새로 나타날 것은 무엇일까? 새로운 세대가 자라났을 때 이 질문에 답할 수 있을 것이다. 남성이 살면서 돈이나 다른 권력 수단으로 여성을 굴복시키는 것이 무엇인지 알지 못하는 세대. 여성이 진정한 사랑이 아닌 다른 어떤 동기로 자신을 남성에게 내맡긴다는 것이 무엇인지 결코 알지 못하는 세대. … 이런 사람들이 살아가는 세상에서는 오늘날 사람들이 의무라고 여기는 것을 아무도 개의치 않을 것이다. 사람들은 스스로 실천할 것이고 각자의 실천에 대한 여론을 형성할 것이다. 이것이 전부일 것이다.[182]

성의 자유를 위한 투쟁의 역사를 보면 억압에 맞서 서슴없이 저항한 활동가들과 운동이 늘 있었다. 이제 우리는 이런 투쟁에 현재 얻은 것에 안주하지 않는 내일의 전망을 불어넣어야 한다.

오스카 와일드가 말했듯이 "이상향이 없는 세계지도는 쳐다볼 가치도 없다." 우리는 저항을 통해 사람들이 두려워하거나 박해 받지 않고 자신의 섹슈얼리티와 성별 정체성을 표현할 수 있는 세계, 즉 모두를 위한 해방을 쟁취할 사회주의 사회를 만들어야 한다.

■ 후주

1   2005년 영국 정부가 시민동반자법의 재정적 영향을 분석하며 집계한 수치.

2   the National Survey of Sexual Attitudes and Lifestyles, 1989/90 and
     1999/2000과 "Sex Uncovered", *The Observer*, 26 October 2008 참고.

3   성 행동과 태도에 대한 흥미로운 여러 연구는 http://en.wikipedia.org/
     wiki/Homosexuality 참고.

4   각각 Alfred Kinsey, *Sexual Behaviour in the Human Male and
     Sexual Behaviour in the Human Female* (University of Indiana
     Press, 1998), pp610-666 and pp446-510.

5   위의 책, pp659-660.

6   위의 책, pp638-639.

7   Colin Wilson, *Gay Liberation and Socialism* (Bookmarks, 1995), p8
     [국역: "마르크스주의와 동성애자 해방", 《동성애자 해방운동의 역사:
     사슬끊기》, 책갈피, 1998].

8   Will Roscoe, *Changing Ones: Third and Fourth Genders in Native
     North America* (St Martin's Press, 1998).

9   Stephen Murray and Will Roscoe (eds), *Boy-Wives and Female
     Husbands: Studies of African Homosexualities* (St Martin's Press,
     1998) 참고.

10   Norah Carlin, "The Roots of Gay Oppression", *International
     Socialism* 42 (Spring 1989), p73 [국역: 《동성애자 억압의 사회사》,

책갈피, 1995].

11   Stephen Murray and Will Roscoe, *Islamic Homosexualities: Culture, History and Literature* (New York University Press, 1997) 참고.

12   Alan Bray, *The Friend* (University of Chicago Press, 2003), pp78-83.

13   Carlin, 위의 글, p73.

14   Frederick Engels, *The Origin of the Family, Private Property and the State* (Peking, 1978), p4 [국역: 《가족, 사유재산, 국가의 기원》, 두레, 2012].

15   Eleanor Burke Leacock, *Myths of Male Dominance* (Haymarket Books, 2008), p49.

16   위의 책, p33.

17   위의 책, p49.

18   Michelle Robidoux, "The Origins of Lesbian and Gay Oppression", unpublished paper.

19   Chris Harman, "Engels and the Origins of Human Society", *International Socialism* 65 (Winter 1994), p121.

20   위의 글, p139.

21   Engels, 위의 책, pp65-66.

22   위의 책, p66.

23   Carlin, 위의 글, p72.

24   Louis Crompton, *Homosexuality and Civilization* (Harvard University Press, 2003), p233.

25   Carlin, 위의 글, p77.

26   디거파의 제라드 윈스턴리가 한 말. Christopher Hill (ed), *Winstanley: "The Law of Freedom" and Other Writings* (Penguin, 1973), p388에서 인용.

27   Carlin, 위의 글, p85.

28   위의 글, p84.

29   Robert Aldrich (ed), *Gay Life and Culture: A World History* (Thames & Hudson, 2006), p120.

30 Colin Wilson, "LGBT Politics and Sexual Liberation", *International Socialism* 114 (Spring 2007), p139.

31 Aldrich, 위의 책, p103.

32 Carlin, 위의 글, p86.

33 Chris Harman, *A People's History of the World* (Bookmarks, 1999), p325 [국역: 《민중의 세계사》, 책갈피, 2004].

34 Lindsey German, *Sex, Class and Socialism* (Bookmarks, 1994), p20 [국역: 《여성과 마르크스주의》, 책갈피, 2007].

35 Frederick Engels, *The Condition of the Working Class in England*, Marxists Internet Archive, http://www.marxists.org/archive/marx/works/1845/condition-working-class/index.htm [국역: 《영국 노동자계급의 상태》, 두리, 1988].

36 위의 책.

37 James Boswell, *The Journal of a Tour to the Hebrides with Samuel Johnson*에서 인용.

38 David F Greenberg, *The Construction of Homosexuality* (University of Chicago Press, 1988), pp366-367.

39 위의 책, p58.

40 Engels, *The Condition of the Working Class in England*, 위의 책, p324.

41 Carlin, 위의 글, p88.

42 Jeffrey Weeks, *Sex, Politics and Society: The Regulation of Sexuality since 1800* (Longman, 1989), p100.

43 Charles Upchurch, *Before Wilde: Sex Between Men in Britain's Age of Reform* (University of California Press, 2009).

44 위의 책, p92.

45 Audrey Farrell, *Crime, Class and Corruption: The Politics of the Police* (Bookmarks, 1992), p53.

46 Upchurch, 위의 책, pp50-79.

47 Harman, *A People's History of the World*, 위의 책, pp324-325.

48 Carlin, 위의 글, p91.

49   Dorothy Thompson, "Women and Nineteenth Century Radical
      Politics", in Juliet Mitchell and Ann Oakley (eds), *The Rights and
      Wrongs of Women* (Penguin, 1977), p129.

50   Karl Marx, *The German Ideology*, http://www.marxists.org/
      archive/marx/works/1845/german-ideology/ch01d.htm [국역: 《독일
      이데올로기 1》, 청년사, 2007].

51   Judith Walkowitz, *Prostitution and Victorian Society: Women, Class
      and the State* (Cambridge University Press, 1980), p5.

52   *The Sentinel* (1885), Jeffrey Weeks, *Coming Out* (BPCC Hazel
      Books, 1990), p18에서 재인용.

53   Weeks, *Coming Out*, 위의 책, p20.

54   위의 책, p16.

55   Weeks, *Sex, Politics and Society*, 위의 책, p103.

56   Noel Halifax, *Out, Proud and Fighting: Gay Liberation and the
      Struggle for Socialism* (SWP, 1988), p15 [국역: 《동성애자 해방운동과
      마르크스주의》, 책갈피, 1997].

57   John Steakley, *The Homosexual Emancipation Movement in
      Germany* (Arno Press, 1975), p15.

58   위의 책, p27.

59   John Lauritsen and David Thorstad, *The Early Homosexual Rights
      Movement (1864-1935)* (Times Change Press, 1974), p58.

60   Wilson, *Gay Liberation and Socialism*, 위의 책, pp14-15.

61   예컨대, Harry Oosterhuis, *Stepchildren of Nature: Krafft-Ebing,
      Psychiatry, and the Making of Sexual Identity* (University of
      Chicago Press, 2000) 참고.

62   Lauritsen and Thorstad, 위의 책, p22.

63   위의 책, p32.

64   Steakley, 위의 책, p32.

65   위의 책, p28.

66   Hal Draper, *The Two Souls of Socialism* (Bookmarks, 1996) [국역:
      《사회주의의 두 가지 전통》, 노동자연대다함께, 2014].

67 Halifax, 위의 책, p15.

68 Lauritsen and Thorstad, 위의 책, p26.

69 Chris Harman, *The Lost Revolution: Germany 1918-1923* (Bookmarks, 1997), p26 [국역: 《패배한 혁명: 1918~1923년 독일》, 풀무질, 2007].

70 Lauritsen and Thorstad, 위의 책, p63.

71 Leon Trotsky, *Women and the Family* (Pathfinder Press, 1974), p23.

72 *Alexandra Kollontai on Women's Liberation* (Bookmarks, 1998).

73 위의 책, p25.

74 Dan Healey, *Homosexual Desire in Revolutionary Russia: The Regulation of Sexual and Gender Dissent* (University of Chicago Press, 2001), p111.

75 Colin Wilson, "Sexual Liberation and the Russian Revolution", *Socialist Worker*, 20 January 2007에서 재인용.

76 Healey, 위의 책, p70.

77 Lauritsen and Thorstad, 위의 책, p67.

78 Trotsky, 위의 책, p37.

79 Kollontai, 위의 책, p28.

80 Harman, *A People's History of the World*, 위의 책, p434.

81 Steakley, 위의 책, p81.

82 Lauritsen and Thorstad, 위의 책, p27.

83 Steakley, 위의 책, p30.

84 Lauritsen and Thorstad, 위의 책, p30.

85 Neil Miller, *Out of the Past: Gay and Lesbian History from 1869 to the Present* (Vintage, 1995), p124.

86 Steakley, 위의 책, p 72.

87 위의 책, p82.

88 위의 책, p72.

89 위의 책, p40.

90   Harman, *A People's History of the World*, 위의 책, p470.

91   위의 책, p483.

92   Steakley, 위의 책, p118.

93   James D Steakley, "Homosexuals and the Third Reich", *The Body Politic* 11 (January/February 1974), http://www.fordham.edu/halsall/pwh/steakley-nazis.html

94   V I Lenin, *Collected Works*, vol 32 (Moscow, 1965), p24.

95   Leon Trotsky, *The Revolution Betrayed* (New Park, 1973), p112 [국역: 《배반당한 혁명》, 갈무리, 1995].

96   Harman, *A People's History of the World*, 위의 책, p474.

97   Victor Serge, *From Lenin to Stalin* (1937), http://www.marxists.org/archive/serge/index.htm

98   John D'Emilio, *Sexual Politics, Sexual Identities* (University of Chicago Press, 1983), p232.

99   Donn Teal, *The Gay Militants: How Gay Liberation Began in America, 1969-1971* (St Martin's Press, 1971), p7.

100 Jeffrey Weeks, *Coming Out*, 위의 책, p188.

101 D'Emilio, 위의 책, p50.

102 David Eisenbach, *Gay Power: An American Revolution* (Carroll and Garf, 2006), p81.

103 Weeks, *Coming Out*, 위의 책, p164.

104 D'Emilio, 위의 책, p63.

105 위의 책, p66.

106 위의 책, p81.

107 위의 책, p117.

108 Sara Evans, *Personal Politics: The Roots of Women's Liberation in the Civil Rights Movement and the New Left* (Vintage, 1980), p3.

109 D'Emilio, 위의 책, p153.

110 Eisenbach, 위의 책, p108.

111 Gay Liberation Front Manifesto, 1971.

112 Shulamith Firestone, *The Dialectic of Sex* (1970), http://www.marxists.org/subject/women/authors/firestone-shulamith/dialectic-sex.htm [국역: 《성의 변증법》, 풀빛, 1983]

113 Lindsey German, "The Rise and Fall of the Women's Movement", *International Socialism* 37 (Winter 1988), pp9-10.

114 Radicalesbians, *The Woman-Identified Woman* (1970), http://scriptorium.lib.duke.edu/wlm/womid/

115 *Gay Left: A Socialist Journal produced by Gay People*, number 2 (Spring 1976), p1.

111 Mike Jackson, *Fucking with Miners: The Story of Lesbians and Gays Support the Miners*, p10.

117 위의 책, p7.

118 위의 책, p10.

119 1984년 12월 듈레이 광원 마을에서 온 데이비드 도너번의 연설, Mike Jackson, 위의 책, p1에서 재인용.

120 Weeks, *Coming Out*, 위의 책, p239.

121 *Woman's Own*, 31 October 1987에 실린 더글러스 키의 마거릿 대처 인터뷰, http://www.margaretthatcher.org/speeches/displaydocument.asp?docid=106689

122 Peter Tatchell, *The Battle for Bermondsey* (Gay Men's Press, 1983) 참고.

123 Halifax, *Out, Proud and Fighting*, 위의 책, p35.

124 Jeffrey Weeks, *Sexuality and its Discontents* (Routledge, 1990).

125 Eisenbach, 위의 책, p308.

126 Jonathan Neale, "The Politics of AIDS", *International Socialism* 53 (Winter 1991).

127 Eisenbach, 위의 책, p292.

128 위의 책, p300.

129 Dennis Altman, *The Homosexualization of America* (St Martin's Press, 1982).

130 Weeks, *Coming Out*, 위의 책, pp244-245.

131 Eisenbach, 위의 책, p300.

132 Matt Cook, *A Gay History of Britain* (Greenwood World Publishing, 2007), p205.

133 위의 책, p206.

134 Conservative Family Campaign, "HIV Infected Citizens: Charter of Responsibility" (27 September 1991).

135 Weeks, *Coming Out*, 위의 책, p244.

136 www.stonewall.org.uk/about_us/2532.asp

137 www.stonewall.org.uk/about_us/2532.asp

138 www.stonewall.org.uk/documents/accounts_0405.pdf

139 "QUEERS READ THIS" (June, 1990), 글쓴이는 알려지지 않았고 '퀴어들'이라는 이름으로 발행돼 뉴욕 자긍심 행진에 배포된 유인물, http://www.qrd.org/qrd/misc/text/queers.read.this

140 *Outlines*, October 1990에 실린 인터뷰.

141 "QUEERS READ THIS", 위의 글.

142 위의 글.

143 Jeffrey Escoffier, "Socialism as Ethics" in Socialist Review Collective (eds), *Unfinished Business: 20 Years of Socialist Review* (London, 1991), p319.

144 *LOLApress*, May 2001에 실린 레기나 미할리크의 주디스 버틀러 인터뷰, http://lolapress.org/elec2/artenglish/butl_e.htm

145 Judith Butler, *Gender Trouble: Feminism and the Subversion of Identity* (Routledge, 1990), p5 [국역: 《젠더 트러블: 페미니즘과 정체성의 전복》, 문학동네, 2008].

146 Peter Mandelson and Roger Liddle, *The Blair Revolution* (Faber and Faber, 1996), p1.

147 Hugh Muir, *The Guardian*, 23 May 2007.

148 BBC News, 5 December 2005.

149 Jeffrey Weeks, *The World We Have Won* (Routledge, 2007), p103.

150   Office for National Statistics (ONS), *Popular Trends* (2009), http://
       www.statistics.gov.uk/downloads/theme_population/Popular-
       Trends136.pdf

151   위의 통계.

152   Lindsey German, *Material Girls: Women, Men and Work*
       (Bookmarks, 2007).

153   2007년 말까지 집계한 통계청(ONS) 수치, http://www.statistics.gov.uk/
       cci/nugget.asp?id=1685

154   Fleishman-Hillard, http://www.fleishmanhillard.com/

155   *CNN Money*, 25 April 2006, http://money.cnn.com/2006/04/25/
       magazines/fortune/pluggedin_fortune/index.htm

156   Ruth Hunt and Johan Jensen, *The School Report: The Experiences
       of Young Gay People in Britain's Schools* (Stonewall, 2007), http://
       www.stonewall.org.uk/at_school/resources/3778.asp

157   Peter Kelley and Susan Paterson, *Filling in the Blanks: LGBT Hate
       Crime in London* (Galop, 2009), p70.

158   Sam Dick, *Homophobic Hate Crime: The Gay British Crime
       Survey* (Stonewall, 2008), www.stonewall.org.uk/documents/homo
       phobic_hate_crime__final_report.pdf

159   위의 책.

160   TUC, *Straight Up! Why the Law should Protect Lesbian and Gay
       Workers* (TUC, 2000).

161   Katherine Cowan and Gill Valentine, *Tuned Out: The BBC's
       Portrayal of Lesbian and Gay People* (Stonewall, 2006), http://
       www.stonewall.org.uk/documents/tuned_out_pdf_1.pdf

162   Ben Summerskill (ed), *The Way We Are Now, Gay and Lesbian
       Lives in the 21st Century* (Continuum, 2005).

163   Karen McVeigh, "Gay Community Split Over 'Depoliticised' London
       Pride", *The Guardian*, 4 July 2009.

164   Johann Hari, "Violence Against Gay People Can and Must be
       Stopped", *The Independent*, 4 November 2009.

165 Martin Wolf, *Financial Times*, 7 May 2009.

166 "PinkNews.co.uk poll finds Tory support among gays drops below the Green Party", 4 May 2010, www.pinknews.co.uk/2010/05/04/ pinknewscouk-poll-finds-tory-vote-drops-further

167 영국수호동맹 대변인 토미 로빈슨(가명)의 말, Martin Smith, *Socialist Review* (May 2010)에서 재인용.

168 Elly Barnes, "LGBT History Month was Life Changing in my School", *Socialist Worker*, 17 March 2008.

169 Neville Hoad, Karen Martin and Graeme Reid (eds), *Sex and Politics in South Africa* (Double Storey Books, 2005).

170 Viv Smith, "The Rainbow Nation Today", *Socialist Review* (February 2008).

171 아프리카민족회의 지도자 루스 몸파티는 다음과 같이 말했다. "우리는 게이와 레즈비언 관련 정책이 없다. 꽃 파는 사람에 대한 정책이 없듯이 말이다." *Capital Gay*, 18 September 1987에서 재인용.

172 Brian Whitaker, *Unspeakable Love: Gay and Lesbian Life in the Middle East* (Saqi Books, 2006), p123.

173 위의 책, p11.

174 *Inside Iran's Secret Gay World*, 이 다큐멘터리는 유튜브에서 볼 수 있다.

175 Whitaker, 위의 책, p55.

176 위의 책, p54.

177 "중동에서 성소수자 해방을 위해 어떻게 투쟁할 것인가"라는 제목으로 열린 갓산 마카렘의 2006년 영국 '마르크시즘' 연설.

178 위의 연설.

179 Wilson, "LGBT Politics and Sexual Liberation", 위의 책, p159.

180 http://www.guardian.co.uk/world/2009/mar/12/eudy-simelane-corrective-rape-south-africa

181 D'Emilio, 위의 책, p234.

182 Engels, *The Origin of the Family*, 위의 책, p96.

■ 옮긴이 후기

이 책을 번역하기 시작했을 때 전 세계는 심각한 경제 위기의 초입에 들어서 있었다. 서유럽에서 동성애 혐오가 다시 고개를 들고 있다는 소식이 심심찮게 들려왔고 러시아와 아프리카에서도 동성애 혐오를 이용한 통치가 새로운 국면으로 나아가고 있었다. 영국에서 혐오 범죄로 목숨을 잃은 성소수자가 2009년에만 8명에 달했다. 왜 성 해방 투쟁이 수많은 성과를 거뒀는데도 동성애 혐오가 사라지지 않을까? 지은이는 이런 질문에 답하기 위해 이 책을 썼다.

한국에서도 2007년 이후 동성애 혐오 세력이 본격적으로 조직을 만들어 목소리를 높여 왔다. 한국 성소수자 운동이 지난 20년 동안 힘들여 성취한 작은 변화마저 빼앗으려는 혐오 세력의 활동은 걱정스러운 지경에 이르렀다. 보수 정 치권과 보수 기독교 세력은 동성애 쟁점을 이용해 자신들의 정당성을 확보하려는 전략으로 나아가고 있는 듯하다. 급기야 올해 혐오 세력은 1000여 명을 동원해 한국의 자긍심 행진인 퀴어퍼레이드를 가로막았다. 이 책이 한국의 독자들에게도 중요한 교훈을 줄 수 있는 상황인 것이다. 번역 출간 과정이 예상보다 지연됐지만 한편으로는 적절한 시기에 책이 나올 수 있어 다행이란 생각도 든다.

이처럼 늘어나는 동성애 혐오는 억압이라는 문제가 체제와 어떤 관련이 있는지, 억압 문제를 다루는 데 왜 역사와 사회체제, 권력, 국가의 성격을 다루는 정치가 중요한지 보여 준다. 한국에서도 기성 정치권의 보수화가 혐오 세력에게 자신감을 불어넣고 있다. 혐오 세력에 대한 공공 기관과 경찰의 너그러운 태도는 성소수자 운동이 국가를 어떻게 봐야 하는지 고민을 던져 준다. 무엇보다 혐오의 뿌리가 무엇이고 어떻게 혐오에 맞설지 답을 찾으려면 역사의 교훈을 되새겨야 한다. 이 책에 나오는 독일의 경험이 말해 주듯, 진보는 필연적 과정이 아니다. 한국 사회가 성소수자를 온전한 사회 구성원으로 인정하는 방향으로 나아갈지, 최근의 러시아처럼 속죄양으로 삼을지는 결정돼 있지 않다.

한국 성소수자 운동이 시작된 지도 20년이 지났다. 성소수자들의 자긍심이 크게 성장했고 커뮤니티도 발전했다. 기성 정치는 여전히 성소수자들을 외면하고 있지만 적어도 진보 진영 안에서는 성소수자들이 운동의 한 축을 형성할 정도로 완전히 자리 잡았다. 달리 말하자면 한국 성소수자 운동에는 급진적 분위기가 강력하게 존재한다. 기성 정치권의 보수성이 이에 크게 한몫했다. 한국 성소수자 운동은 청중과 지지 기반을 급속히 확대해 왔다(이 경험을 분석하고 평가하는 것은 중요한 과제다). 그러나 우리는 여전히 너무나 천대받는 소수자들이어서 늘 자원과 역량 부족에 시달리고 있다. 이 때문인지 한국 성소수자 운동은 억압에 대한 분석과 해방을 위한 전략 논의가 빈약한 실정이다. 이 책이 이런 논쟁을 풍부하게 하는 데 조금이나마 기여하길 바라는 마음이다.

이 책은 마르크스주의 관점에서 쓰였다. 마르크스주의는 인간 해방의 사상이며 이를 위한 분석의 도구다. 마르크스주의는 해방을 꿈꾼 억압받는 사람들에게 영감과 확신을 준 자랑스런 전통이 있다. 현실에서 마르크스주의의 이름으로 벌어진 부끄러운 일들도 많지만 그렇다고 해서 마르크스주의가 폐기되지는 않았듯이, 억압 문제에서도 마르크스주의의 기여를 공정하게 평가해야 한다.

무엇보다 해방이라는 전망의 가치를 강조하고 싶다. 하루하루 민주주의라는 단어가 공문구임을 실감하는 사회에서 개혁과 변화에 대한 믿음마저 지탱하기 힘겨운 것이 사실이다. 일부 나라들에서 성소수자가 완전한 법적 평등을 누리게 됐다고는 하지만 멸시와 천대, 혐오가 완전히 사라지지는 않았다. 이것은 심각한 문제다. 혐오 때문에 성소수자들의 삶이 파괴되고 말 그대로 '죽임' 당하는 것을 계속해서 지켜봐야 한다는 말이기 때문이다. 체계적 차별과 혐오로 인해 누군가가 비극을 겪는 것이 현실이라면 우리의 과제는 끝날 수 없다.

물론 급진적 사회변혁의 전망은 현실의 구체적 실천과 연결돼야 한다. 한국 성소수자들은 거의 무권리 상태에 있다. 차별 금지와 비범죄화, 권리 획득이 모두 당면한 의제인 동시에 점증하는 혐오에 맞서야 할 상황이다. 이 책은 해방의 전망을 포기하지 않고 우리가 날마다 마주하는 혐오와 차별, 폭력에 맞서려 하는 사람들을 위한 입문서다. 그들과 함께 이 책의 정신을 현실에서 실천하며 마르크스주의 억압 분석을 더 풍부하게 만들게 되길 바란다.

이 책이 영국에서 출간된 뒤에도 성소수자 의제는 세계 정치에서 점점 더 중요한 문제가 됐다. 지난해 프랑스, 미국을 비롯한 여러 나라에서 동성 결혼이 법제화됐다. 이런 나라들에서 성소수자의 평등권은 되돌릴 수 없는 대세처럼 보이고 전 세계 성소수자들에게 더 나은 미래에 대한 영감을 줬다. 아랍 혁명의 여파 속에 중동에서 변화의 조짐이 보이기도 했다. 레바논에서는 동성애처벌법에 반하는 판결이 잇달아 나왔다.

그러나 세계의 다른 지역들에서는 충격적이고 끔찍한 상황이 이어지고 있다. 러시아는 국가가 주도하는 성소수자 탄압이 심각한 폭력을 낳고 있다. 제국주의 경쟁이 내전으로 치달은 우크라이나에서도 성소수자 속죄양 삼기가 횡행하고 있다. 우간다에서도 결국 사형 조항만 뺀 동성애처벌법이 통과됐다. 이집트 혁명이 위기에 빠지면서 성소수자 탄압이 다시 고개를 들고 있다는 소식도 들린다.

이 모든 상황은 이 책의 핵심 주장을 뒷받침해 준다. 법률적 평등으로는 충분하지 않다. 변화를 지키기 위해 싸워야 한다. 성소수자들의 운명은 정치 일반과 떼어 놓고 볼 수 없다. 한국은 지난 몇 년 사이 성소수자에 대한 대중의 인식이 가장 빠르게 우호적인 방향으로 변한 나라다. 동시에 강경 우파 정권 아래에서 혐오의 목소리도 위험할 정도로 커지고 있다. 힘겹게 찾은 자긍심이 모욕과 비난의 칼날 앞에 서 있다. 이 칼날에 맞서 우리를 지키고 더 많은 변화를 이끌어 내려면 사회운동의 전진이 절실한 상황이다.

세월호 참사로 체제의 실패가 여실히 드러났지만 지배자들의 후안무치는 할 말을 잃게 만들 정도다. 목숨보다 돈이 먼저인 이들에게 청소년 성소수자들이 겪는 고통에 공감하길 바라는 것은 무망한 일일 것이다. 의료 민영화, 전교조 탄압, 복지 삭감 등 민주주의와 삶을 파괴하는 공세 속에서 성소수자 인권이 설 자리가 있을 리 없다.

다행히 지난 20년 동안 성소수자 운동은 인권·사회·시민 운동 속에서 든든한 동맹들을 구축해 왔다. 무엇보다 새로운 세대의 성소수자들이 과거 세대와는 다른 조건에서 성장했다. 이들은 훨씬 더 당당하게 자신의 섹슈얼리티를 긍정하며 평등한 미래를 꿈꾼다. 인권과 평등의 가치를 지킬 수 있는 길에 대한 토론과 억압에 맞선 실천이 만날 때 때 우리가 원하는 미래를 앞당길 수 있을 것이다. 변화는 이미 시작됐다.

2014년 7월 1일

이나라

■ 찾아보기